ALI GÜNGÖRMÜŞ

mit Patricia Bröhm

SCHAU IN DIE SONNE, SCHAU IN DEN TAG

Der Geschmack meines Lebens

ROWOHLT

1. Auflage Juni 2019

Lektorat Susanne Frank

Innengestaltung Daniel Sauthoff
Satz DTL Dorian PostScript (InDesign)
Gesamtherstellung CPI books GmbH, Leck, Germany
ISBN 978 3 498 02542 7

Für meine Eltern und meine Kinder

Inhalt

Es ist später Abend in meinem Restaurant Pageou in München, weit nach Mitternacht, die letzten Gäste sind gegangen. Auch die Mitarbeiter haben sich schon verabschiedet. Erst jetzt beginnt mein Feierabend, der Moment, der ganz alleine mir gehört. Manchmal setze ich mich dann noch mit einem Glas Wein an den Tresen und hänge meinen Gedanken nach. Ich genieße die Stille der Nacht, nur ein paar Lampen erhellen den großen, hohen Raum. Ich betrachte das Foto meines Großvaters, das an einer Wand hängt. Es zeigt ihn vor seinem Lehmhaus, in unserem Heimatdorf Pageou in der Türkei, nach dem ich mein Restaurant benannt habe. Es ist ein altes Foto, die Qualität ist nicht berauschend, aber sein Anblick trifft mich jedes Mal mitten ins Herz. Es ist wie ein Symbol für den Weg, den ich gegangen bin – vom tiefsten Anatolien bis in dieses sehr urbane Restaurant in bester Münchner City-Lage. Mein Familienname Güngörmüş bedeutet auf Türkisch «Schau' in die Sonne, schau' in den Tag» – er ist wie ein Leitmotiv für mein Leben. Wenn mein Vater damals, in den 1960er Jahren, nicht den Optimismus und den Mut gehabt hätte, unser Dorf hinter sich zu lassen und ganz alleine, ohne seine Familie und ohne ein Wort Deutsch zu sprechen, in eine ungewisse Zukunft aufzubrechen, dann säße ich heute nicht hier. Das Wissen darum erfüllt mich gleichzeitig mit Demut und mit Stolz. Meine Gedanken wandern zurück nach Pageou, wo meine Geschichte vor 42 Jahren begann …

Granatapfel und Fladenbrot – *Eine Kindheit wie vor 100 Jahren*

Wenn ich an meine Kindheit denke, habe ich den Geschmack von reifen Feigen am Gaumen. Kaum kamen wir nachmittags aus der Schule, kletterten wir als Erstes auf die Feigenbäume hinter dem Haus und holten uns die prallen Früchte herunter. Wir wussten genau, wann sie am besten waren: wenn sie sich schon etwas weich anfühlten. Ganz vorsichtig öffneten wir sie und aßen das rote Fruchtfleisch heraus, das noch warm von der Sonne war. Dieser süße, saftige Feigengeschmack, den habe ich für immer in meinem Aromengedächtnis gespeichert. Oder die prallen, goldgelben Aprikosen, die meine Mutter auf Strohmatten in der Sonne trocknete. Und natürlich die grünen Mandeln, die wir mit den Zähnen öffneten, um zu dem köstlichen weißen Kern vorzustoßen, der war eine Delikatesse.

Wir haben gut gegessen als Kinder, obwohl wir kein Geld hatten, denn im Garten standen Obstbäume, an denen Granatäpfel, Maulbeeren und Renekloden wuchsen. Und jeden Morgen backte meine Mutter frisch Lavash, das türkische Fladenbrot aus Mehl, Wasser, Hefe und Salz. Ganz einfach; den Teig wellte sie mit einem Holzstab dünn aus und backte dann das Brot in einer großen Pfanne über dem offenen Feuer. Das ofenwarme Brot war unser Frühstück. So einfach, so gut.

Ich glaube, dass ich Koch geworden bin, hat viel mit diesen Kinderjahren inmitten einer unberührten Natur voller intensiver Aromen zu tun. Geboren wurde ich am 15. Oktober 1976 in Pageou, einem winzigen Dorf im kurdischen Osten Anatoliens. Und wenn ich sage winzig, dann meine ich das so: Es waren nicht mehr als sechs oder acht Häuser, eine Art anatolisches Bullerbü. Sogar eine kleine Kapelle gab es in Pageou, weil in der Region früher Armenier lebten, die überwiegend Christen sind. Die Landschaft, in der anatolisches Hochland, Obermesopotamien und die Berge am Schwarzen Meer zusammentreffen, erinnert fast ein bisschen an Tirol, mit tiefen Tälern und hohen Bergen. Wenn man sich das auf der Landkarte ansieht, dann lagen für uns damals Syrien, Irak, Iran, Armenien und Georgien näher als das 800 Kilometer entfernte Ankara oder gar Istanbul.

Wir lebten, wie man so sagt, in einfachsten Verhältnissen. Die Häuser waren aus Lehm errichtet, es gab keine Ziegeldächer, die Gebäude waren oben einfach flach. Im Winter, wenn es viel schneite, war das ein Problem – und es gab Winter, da lag der Schnee zwei Meter hoch. Wir mussten aufs Dach steigen und den Schnee wegschippen, damit die Decke unter der Last nicht einbrach. Wir hatten weder Heizung noch fließendes Wasser, mussten mit Holz einheizen, in jedem Zimmer stand ein Ofen. Schon im September begannen wir, Holz einzulagern, und sobald es kalt wurde, saßen wir um die Öfen herum. Ich kann mich noch gut erinnern, wie eisig die Lehmböden sich im Winter anfühlten. Wir hielten auch Schafe und Ziegen; aus dem Fell machten die Frauen Decken, mit denen wir uns warm halten konnten, und aus der Wolle strickten sie Schals und Pullover.

Das Leben in Pageou war sehr friedlich, im Rhythmus der Jahreszeiten. Tunceli, die nächste größere Stadt und Hauptstadt der gleichnamigen Provinz, liegt auf 940 Meter Höhe, unser Dörfchen auf knapp 1000 Metern. In der Region herrscht ein ausgeprägtes Kontinentalklima mit sehr heißen Sommern, in denen das Thermometer bis zu 40 Grad steigt, und sehr kalten Wintern mit Temperaturen bis minus

10 Grad. Es war eine schöne Kindheit, aber wir lebten wie vor Hunderten von Jahren, als Selbstversorger. Wir hatten keinen Fernseher und keine Spielsachen, wir Kinder waren immer draußen, kletterten auf die Bäume und aßen im Sommer die Kirschen direkt vom Baum, die Brombeeren direkt vom Strauch. Wir spielten in den Feldern Verstecken und kauten den wilden Rhabarber, ich kann mich noch gut an diesen säuerlichen Geschmack erinnern, der mir die Mundwinkel zusammenzog. Manchmal pflückten wir uns junge Erbsen und pulten sie aus der Schote; ich mochte ihre feine Süße. In unserem Garten baute meine Mutter Gemüse an, Auberginen, Paprika, Tomaten, Gurken, Bohnen, Zwiebeln. Im Sommer, wenn alles im Überfluss reif war, trocknete sie Gemüse und Obst, für den Winter. Dafür waren die flachen Hausdächer sehr praktisch: Man legte große Tücher auf ihnen aus und ließ dort alles in der Sonne trocknen, Tomaten, Auberginen, Paprika, grüne Bohnen, Aprikosen, Äpfel, Walnüsse. Auch Granatäpfel ließen sich gut trocknen; die Schalen brach man dann später in Stücke und gab sie in den Tee oder ins Essen. Überhaupt tauchten viele der getrockneten Früchte in Gerichten wieder auf, zum Beispiel Quitten, die schmeckten toll im Lammragout.

Auf den Feldern bauten wir Weizen an, um daraus unser eigenes Brot zu backen. Und wir hielten Tiere, ein paar Kühe, Ziegen und Lämmer; mit ihnen lebten wir quasi unter einem Dach, unten war der Stall, darüber die Wohnräume. Besonders wertvoll waren die Kühe, weil meine Mutter aus der Milch auch Butter und Joghurt machte. Den Joghurt durften wir essen, die Butter aber wurde meistens verkauft, weil man damit ein wenig Geld verdienen konnte. Nur wenn mein Vater, der seit 1966 als Gastarbeiter in Deutschland lebte, nach Hause kam, gab es ein wenig Butter aufs Brot. Die Butter machte meine Mutter so, wie sie es von ihrer Mutter gelernt hatte: Die abgezogene Haut einer geschlachteten Ziege wurde unten zusammengebunden, sodass ein großer Beutel entstand. Dort hinein wurde die Milch gefüllt, das Ganze dann an einen hölzernen Stab gebunden, und meine Mutter schüttelte das Holz solange hin und her, bis die Butter geronnen war, eine halbe Stunde oder eine Stunde, je nachdem, wie viel Milch drin war. Wenn anschließend der Inhalt in ein Sieb geschüttet wurde, blieb die Butter im Sieb und die Molke floss durch. Und dann kam der Teil, der für uns Kinder am schönsten war: Unsere Mutter kochte die Molke auf und machte daraus für uns einen Käse, Çökelek. Eigentlich kein richtiger Käse, eher so eine Art Magerquark. Aber wir liebten es!

Wir hielten auch Hühner, die den ganzen Tag lang draußen herumpickten und sich Würmer und andere Leckerbissen aus dem Boden zogen. Die Eier wurden meistens verkauft, aber einmal in der Woche durfte jeder von uns ein Ei essen – so lernten wir von klein auf, den Wert solcher Lebensmittel zu schätzen. Und wenn zu einem besonderen Anlass einmal ein Huhn geschlachtet wurde und ausnahmsweise Fleisch auf den Tisch kam, war das ein richtiges Festmahl!

In unserem Haus in Pageou gab es keine Küche im üblichen Sinn, sondern nur eine offene Feuerstelle – was meine Mutter dort für uns Kinder zubereitete, war zwar einfach, aber immer frisch. Wir fanden es köstlich. Rote Bete zum Beispiel legte sie im Ganzen in die Asche und ließ sie dort garen. Wenn man sie dann pellte und aß, war das Aroma so intensiv, wie ich es später nie wieder erlebte. Auch der Kartoffelstampf «à la Pageou» ist für mich bis heute unerreicht: Die Kartoffeln, die wir Kinder aus der Erde buddelten, wurden gekocht, gepellt und in einem Topf mit unserer eigenen Butter, etwas Tomatenmark und angeschwitzten Zwiebeln vermischt. Das aßen wir mit Brot, ein echtes Leibgericht.

Haskars Kartoffelstampf

Es war das Lieblingsgericht meiner Kindheit, und wir nannten es «Feuerkartoffeln», weil meine Mutter (ihr Vorname ist Haskar) die Kartoffeln einfach in die Glut ihrer Kochstelle legte und sie dort garen ließ. Am Ende war die Schale schwarz verbrannt, und das Innere hatte feine Raucharomen angenommen. Das schmeckte köstlich! Wer im Sommer im Garten grillt, kann diese Methode übernehmen, ansonsten lassen sich die Kartoffeln natürlich auch in einem Topf kochen.

1 kg Kartoffeln (mehlig kochend)
2 weiße Zwiebeln
1 Knoblauchzehe
2 EL Pinienkerne
1 EL Tomatenmark
Petersilie

Die Zwiebeln würfeln und in Butter langsam glasig dünsten, gehackten Knoblauch dazugeben. Pinienkerne und Tomatenmark dazugeben und alles rühren, bis sich das Tomatenmark aufgelöst hat. Die geschälten, gestampften Kartoffeln dazugeben und gut vermengen. Mit frischer Petersilie (im Winter getrocknete verwenden) würzen.

In Pageou saßen wir um die Feuerstelle herum und aßen die warmen Stampfkartoffeln mit Yufka-Brot (dünnes Fladenbrot, erhältlich in türkischen Lebensmittelläden) direkt aus dem Topf.

Dazu passt Ayran, der türkische Joghurtdrink: Türkischen Joghurt (10 % Fettanteil) mit Wasser verrühren, bis eine sämige Konsistenz entsteht. Salzen und zum Essen trinken.

Das Besondere am Essen meiner Kindheit war, dass alle Lebensmittel ganz natürlich und unverfälscht waren, sie hatten noch ihren ausgeprägten Eigengeschmack und waren nicht so «zurechtgezüchtet» wie heute. Chemie war ein Fremdwort, wir ernährten uns, ohne es zu wissen, hundertprozentig bio. Ich habe all diese Aromen noch am Gaumen und kann sie jederzeit abrufen. Das leistete mir in meiner Karriere oft wertvolle Dienste.

Was man damals nicht selbst erzeugen konnte, das besorgte man per Tauschgeschäft. Mein Opa zum Beispiel hatte eigenes Land und konnte Weizen anbauen. Den tauschte er in schlechten Jahren, wenn etwa ein Hagel die Obstbäume verwüstet hatte, gegen Obst oder Nüsse ein. Meine Mutter erzählt heute noch von einer Heuschreckenplage, die in einem Jahr die Felder so zerstörte, dass wir im Winter hungern mussten.

Alle vier Wochen ging ich mit meiner Mutter in die nächstgrößere Stadt, nach Tunceli, zum Markt. Heute ist Tunceli eine moderne Stadt mit fast 30 000 Einwohnern. Damals, Anfang der 1980er Jahre, erschien sie mir, der ich nur Pageou kannte, riesig. Wir liehen das Pferd des Nachbarn aus, beluden es mit Butter, Eiern und manchmal auch Milch, und liefen mit ihm rund 15 Kilometer über die Berge nach Tunceli. Dort verkauften wir unsere Erzeugnisse an einen Lebensmittelhändler.

Ich bin das mittlere von sieben Kindern, ich habe drei ältere und drei jüngere Geschwister, wir sind alle etwa zwei Jahre auseinander. Meine Mutter hat früh geheiratet, sie war erst 15 Jahre alt, mein Vater sieben Jahre älter. Bis auf meinen jüngsten Bruder, der in München zur Welt kam, waren wir alle Hausgeburten, das war in Pageou normal. Die Frauen brachten ihr Kind zur Welt, und am nächsten Tag standen sie wieder auf dem Feld, mit dem Baby, das war damals so. Ein hartes Leben.

Einmal die Woche war Waschtag – für uns und für die Wäsche. Weil wir kein fließendes Wasser hatten, fand das alles an einem Brun-

Bei unserem Beschneidungsfest war ich der Jüngste (mit meinem Bruder Murat und unseren Cousins)

nen statt, der etwas unterhalb des Hauses am Hang lag. Am Brunnen war eine Feuerstelle, sodass man das Wasser erwärmen konnte; dort wurden wir Kinder in einem großen Bottich von unserer Mutter geschrubbt. Sie wusch dort auch alle Wäsche: eine mühselige Arbeit, auch wenn wir sechs Kinder nicht viel Kleidung zum Wechseln besaßen.

Wenn ich heute meine beiden Söhne sehe, ist es für mich schwer vorstellbar, dass wir damals keinerlei Spielsachen besaßen, nichts, keinen Teddybär, keine Puppen für meine Schwestern, keine Fahrräder, nichts. Manchmal bekamen wir von Verwandten einen Plastikball geschenkt, der aber nach zwei oder drei Tagen kaputt war. Meine Söhne werden heute zum Geburtstag von allen Seiten reich beschenkt – wir hingegen kannten so etwas überhaupt nicht. Meine erste Geburtstagsfeier fand in Deutschland statt, mit elf oder zwölf Jahren. Zur Feier des Tages wurde eine Tiefkühltorte von Dr. Oetker gekauft, aber Geschenke gab es auch damals nicht. Weil wir in Pageou nichts zum Spielen hatten, waren wir immer draußen und halfen auch mit, wo wir konnten – das war einfach so. Die älteren Schwestern mussten zum Beispiel mit den Kühen und Kälbern hinaus auf die Felder und aufpassen, dass sich kein Tier von der Herde entfernte. Einmal kam eine Kuh abhanden und wurde von Wölfen gerissen, deren Geheul wir nachts oft hörten, wenn wir im Bett lagen.

Wir kleineren Geschwister halfen unserer Mutter im Garten; es gab viel zu tun, und vielleicht wurde schon damals der Grundstein gelegt für meine spätere Entscheidung, Koch zu werden. Den Bezug zu guten Produkten bekam ich jedenfalls sehr früh, und die ganz einfachen Gerichte meiner Kindheit gehören für mich immer noch zum Besten, was ich je gegessen habe. Wenn die Walnüsse reif waren, rösteten wir sie zum Beispiel ein wenig in Butter an, vermischten sie mit getrockneten Aprikosen und aßen das auf Brot. Manchmal mache ich mir diese Walnuss-Aprikosen-Paste heute noch und esse sie auf einem schönen leichten Joghurt, in den ich ein wenig Honig einrühre. Ein paar Pistazien darübergestreut, und fertig ist eine essbare Erinnerung an Pageou. So ist das auch in der Spitzenküche: Wenn du ein sehr gutes Produkt hast, musst du nicht mehr viel darum herum machen. Und umgekehrt: Aus einem minderwertigen Lebensmittel kann niemals ein schmackhaftes Gericht werden.

Mit vier Jahren in unserem Haus in Pageou,
rechts meine Schwester Nurcan,
im Hintergrund ein Foto meines Vaters

Wenn ich zurückdenke, gibt es neben der Liebe zum guten Essen noch einen zweiten roten Faden, der sich durch mein Leben zieht und seine Ursprünge in der Kindheit hat: Ich übernahm schon immer Verantwortung – sicher eine gute Vorbereitung auf meine heutige Selbständigkeit. Das fing ganz früh in der Familie an; wenn ich mit sechs oder sieben Jahren zur Schule ging, ein Weg von etwa vier Kilometern zu Fuß an einer Landstraße entlang, auf der Lastwagen fuhren, musste ich immer meinen kleinen Bruder mitnehmen, um ihn in den Kindergarten zu bringen. Und später, als wir schon in Deutschland lebten und meine Mutter einmal ins Krankenhaus musste, war es selbstverständlich, dass ich als 13-Jähriger viel von ihrer Arbeit übernahm, vor allem das Kochen. Irgendwie hatte ich schon von klein auf das Gefühl, die Dinge zusammen- und am Laufen halten zu müssen, und das ist bis heute so.

In der Familie nahm ich immer eine Art Sonderrolle ein, was wohl auch mit den Umständen meiner Geburt zu tun hat. Als meine Mutter mit mir schwanger war, 1976, erlitten meine Eltern einen furchtbaren Schicksalsschlag: Sie verloren ihren ältesten Sohn, knapp 16 Jahre alt. Mein Vater lebte seit den 1960er Jahren in München, um als Schweißer Geld für die Familie zu verdienen. Meine Mutter blieb mit uns Kindern zu Hause in Pageou, sie zog uns quasi alleine groß. Und als der älteste Sohn in die Pubertät kam – es war auch die Zeit der ersten politischen Unruhen aufgrund der kurdischen Unabhängigkeitsbestrebungen in der Türkei –, da fühlte sie sich der Verantwortung für ihn nicht mehr gewachsen. Sie bat meinen Vater, ihn mit nach Deutschland zu nehmen; sie setzte auf die väterliche Autorität. Als alle nötigen Papiere beisammen waren, machten sich die beiden im Auto auf den Weg nach Ankara zum Flughafen. Unterwegs passierte dann das Unglück: Der Wagen war sehr alt und nicht gut in Schuss, irgendwann öffnete sich während der Fahrt plötzlich die Beifahrertür, mein Bruder stürzte auf die Straße und starb.

In jener Nacht, noch bevor sie von dem Unfall erfuhr, hatte meine Mutter einen seltsamen Traum: Ein Mann mit einem langen Bart kam zu ihr und sagte: «Du hast einen Sohn, den werde ich dir jetzt wegnehmen. Aber den gleichen Sohn gebe ich dir wieder zurück.» Als sie morgens aufstand, war sie überzeugt, dass ihrem ältesten Sohn etwas zugestoßen sei – nachmittags erhielt sie die tragische Nachricht. Einige Zeit später kam ich auf die Welt, und meine Mutter sagt noch heute: «Du hast genauso ausgesehen wie dein Bruder.» Meine Eltern gaben mir seinen Namen: Ali Haydar. Ich war für sie so etwas wie der wiedergeborene Sohn. Das prägte meine Rolle in der Familie von Anfang an. Natürlich liebten meine Eltern alle Kinder gleichermaßen, trotzdem hatte ich irgendwie eine besondere Stellung, schon immer. Das war manchmal positiv, oft aber auch eine Belastung. Wenn es Probleme gab, hatte ich immer das Gefühl, ich müsse etwas tun, damit meine Eltern wieder glücklich sind. Bis heute ist das so: Wenn sie irgendetwas auf dem Herzen haben, kommen meine Eltern zu mir und möchten meine Einschätzung hören, fragen mich um Rat. Das ist eine große Verantwortung, die sich durch mein Leben zieht. Irgendwie war das schon so, als ich noch ein kleiner Junge war. Ich war schon immer sehr agil, wusste immer über alles Bescheid und brauchte wenig Schlaf. Schon mit acht Jahren fing ich an, Geld für die Familie dazuzuverdienen und trug Zeitungen aus. Damals hatte ich schon verinnerlicht, dass man die Dinge selbst in die Hand nehmen muss, um im Leben weiterzukommen.

Ich denke, es hat mich als Koch sehr geprägt, dass ich von ganz klein auf den Umgang mit Lebensmitteln gelernt habe. Ich wusste einfach, wie Auberginen oder Tomaten wachsen, wie man sie erntet, verarbeitet und konserviert. Ich hörte zu, wenn meine Mutter mir erklärte, die Auberginen seien noch nicht so weit, die bräuchten noch eine Woche. Sie zeigte mir auch, wie man sie erntet: nicht einfach abreißen, weil dann Bitterstoffe in die Frucht gehen, sondern vorsichtig abdrehen, genauso bei der Paprika. Auch die Tomaten durften wir erst pflücken, wenn sie ganz rot und ausgereift waren, weil sie dann am besten schmecken. Oder die Gurken: Wenn man sie zu früh erntet, schmecken sie noch ein bisschen bitter.

Ich war dabei, wenn meine Mutter aus den Sauerkirschen Sirup einkochte, Marmelade machte oder Paprika- und Tomatenmark zubereitete. Manchmal saßen zehn bis fünfzehn Leute in unserer Küche, um Kirschen oder Aprikosen zu entsteinen. Klar, das war eine mühselige Arbeit, aber es machte auch Spaß, weil es immer etwas zu erzählen gab – das war unser Unterhaltungsprogramm, Fernsehen kannten wir noch nicht.

Wir fingen auch selbst Fische, in einem kleinen Fluss in der Nähe von Pageou. Damals war das für mich einfach nur «unser Fluss». Heute weiß ich, es war der Munzur, der durch den Munzur-Vadisi-Nationalpark fließt, mittlerweile einer der größten und artenreichsten Nationalparks der Türkei. In den Seitenarmen des Flusses angelten wir Jungs stundenlang mit unseren selbstgebastelten Angelruten Forellen und Saiblinge, manchmal auch einen Flussbarsch. Heute wäre ein solcher Fisch unter uns Köchen eine begehrte Rarität: Wildfang aus frischem, klarem Wasser. Zu Hause entschuppten wir die Fische, nahmen sie aus und legten sie einfach im Ganzen in die Pfanne – ein Festmahl.

Zu Hause wurde auch geschlachtet, aber nur zu ganz besonderen Gelegenheiten, denn die Tiere waren wertvoll, und wir brauchten die Milch der Schafe und Kühe. Aber zum islamischen Opferfest, wenn ein Kind geboren wurde oder unser Vater aus Deutschland heimkam, war es zur Feier des Tages so weit. Weil es keine Kühlmöglichkeiten gab, verteilten wir das Fleisch, das wir nicht selbst essen konnten, unter den Nachbarn. Und wenn diese schlachteten, hielten sie es genauso. Mein Opa trocknete sein Fleisch in einer dunklen Kammer hinter der Küche; zu besonderen Anlässen schnitt er etwas Fleisch ab, was dann in die Eintöpfe hineingegeben wurde, mit Kichererbsen oder Linsen oder Bohnen. Damals ging man sehr bewusst mit Lebensmitteln um und wusste genau, wie man sie haltbar machen konnte, weil man noch in engem Kontakt mit der Natur lebte. Wenn geschlachtet wurde, dann wurde jedes Teil des Tieres verarbeitet; niemals wäre man auf die Idee gekommen, irgendetwas wegzuwerfen. Heute interessieren sich viele Köche nur für die Filetstücke; damals verwendete man alles, auch die Knochen. Daraus wurde eine Brühe gekocht, oder man gab sie den Hunden.

Und natürlich wurden auch die Innereien gegessen, sie spielen in der orientalischen Küche bis heute eine ganz andere Rolle als in Deutschland. Sie gelten sogar als Delikatesse: Kutteln, Nieren, Leber, Lunge und ja, auch die Hoden. Die Pansen wurden mit Essig zu einer Suppe verarbeitet. Auch die Köpfe von Lämmern oder Ziegen kamen damals bei uns auf den Tisch, man kochte sie, und dann konnte sich jeder etwas herauspulen. Wir wären nie auf die Idee gekommen, das eklig zu finden. Es war Gottes Wille, dass man einem Tier diese Wertschätzung erweist, so starb es nicht umsonst. Das ist bis heute in der Küche meine Philosophie: Wenn man ein Tier, also ein Lebewesen tötet, dann gebietet es der Respekt, dass man jedes Teil davon verarbeitet, nicht nur die Edelstücke. In der Türkei ist das auch heute noch selbstverständlich. Es gibt in Istanbul Metzgereien, die nur auf Innereien spezialisiert sind, sie verkaufen nichts anderes. Und es gibt auch Restaurants, die nur das servieren. Wenn ich heute in Istanbul bin, gehe ich oft in ein Restaurant, das nur Leber anbietet. Sie wird in ganz kleine Würfelchen geschnitten, so groß wie mein Fingernagel, dann aufgespießt, dazwischen ein Stück Speck oder anderes Fett vom Tier, meistens vom Ochsenschwanz oder vom Rind. Der Geschmack ist Wahnsinn! So haben wir früher auch immer Bries gegessen, ganz kurz gegrillt, dann Thymian drauf und leichte Chiliflocken – göttlich. Ich mag, ja, ich liebe die einfache Küche, die ganz nah an den puren Lebensmitteln ist.

Neben Salz, Zucker und Pfeffer spielen auch Chili, Minze, Dill und Petersilie in der türkischen Küche eine wichtige Rolle. Auch Mandeln, Zimt und Nelken waren in unserer Küche immer zur Hand. Und Zwiebeln! Sie wurden auch als Hausmittel genutzt, wenn wir uns verletzten oder bei Entzündungen. Meine Mutter machte die Zwiebeln warm, schlug sie in ein Baumwolltuch ein und band das um die verletzte Stelle – am nächsten Tag war die Entzündung abgeklungen.

Zum Essen wurde in meiner Kindheit Wasser, Tee oder Ayran getrunken, der türkische Joghurt mit Wasser und einer Prise Salz. Alkohol spielte so gut wie keine Rolle. Höchstens wenn mein Vater mal da war und die Nachbarn vorbeikamen, wurde der Whisky eingeschenkt, den er aus Deutschland mitgebracht hatte, eine Art Statussymbol. Im Dorf wurde sonst nur Raki getrunken, ein klarer Schnaps, aus Weintrauben gebrannt und mit Anis versetzt, eine Art türkisches Nationalgetränk. Aber Vaters Whisky war natürlich etwas Besonderes. Wein wurde damals in der Türkei wenig getrunken. Das hat überraschende Folgen für mich, wie ich vor fünf Jahren erfuhr, als ich zum ersten Mal in meinem Leben eine Ayurvedakur machte. Mit dem Arzt sprach ich unter anderem auch darüber, dass ich Wein, vor allem Rotwein, nicht gut vertrage. Er löst bei mir eine Art allergische Reaktion aus, die Nase schwillt sofort zu, als ob ich Schnupfen hätte. Der Ayurvedaarzt erklärte mir, das sei genetisch bedingt; weil ich aus dem Orient komme und meine Vorfahren immer eher klaren Alkohol getrunken hätten, sei mein Körper nicht auf Wein eingestellt. Er empfahl mir, lieber ein Glas Rum oder Whisky zu trinken – aber das ist nicht ganz mein Geschmack.

Als ich acht Jahre alt war, verließen wir Pageou und zogen in ein Dorf außerhalb von Tunceli, nach Harçik. Mein Vater hatte dort von seinen Ersparnissen ein Haus gebaut. Ich weiß noch ganz genau, wie wir aus unserem Dorf weggingen. Meine Mutter und wir Kinder liefen zu Fuß von Pageou nach Harçik, bepackt mit Hausrat; das muss ausgesehen haben wie eine Art Prozession. Das neue Haus war um einiges komfortabler und größer als das alte Lehmhaus in Pageou, es hatte ein richtiges Ziegeldach. Aber fließendes Wasser oder eine Heizung hatten wir immer noch nicht. Wir mussten weiterhin das Wasser vom Brunnen holen, der weiter vom Haus entfernt war als in Pageou. Wir Kinder liefen immer alle miteinander, jeder beladen mit zwei Kanistern, den Kilometer zum Brunnen und wieder zurück. Heute undenkbar, aber damals für uns ganz normal. Zu unserer Enttäuschung durften wir aber nicht dauerhaft in dem neuen, großen Haus wohnen. Meine Mutter hatte alles schön hergerichtet, aber wir lebten dort nur, wenn mein Vater aus München nach Hause kam oder wir Gäste hatten. Die übrige Zeit verbrachten wir Kinder mit unserer Mutter in einem kleinen Häuschen nebenan, das viel einfacher war, mit einer Kochstelle. Das große Haus diente sozusagen nur zu Repräsentationszwecken. Wir Kinder konnten das natürlich nicht verstehen, aber

Mit acht Jahren in Tunceli vor unserem neuen Haus

die Begründung meiner Mutter war, das große Haus mache zu viel Arbeit, und es brauche viel mehr Holz, um es zu heizen. Man darf nicht vergessen: Meine Mutter war fast das ganze Jahr über mit uns Kindern alleine. Dazu hatte sie noch die Tiere, und teilweise pflegte sie auch noch die Eltern meines Vaters – sie leistete ungeheuer viel. Heute, da ich selbst Kinder habe, kann ich mir gar nicht vorstellen, wie sie das damals alles schaffte.

Meine Mutter sagt immer: «Wir haben nie Zeit gehabt für euch. Ihr musstet euch selbst beschäftigen. Deswegen seid ihr auch alle so weit gekommen.» Sie nahm uns schon als Babys zur Arbeit auf die Felder mit, und wenn eines schrie, dann gab sie ihm die Brust und ging anschließend wieder an die Arbeit, um in Handarbeit den Weizen zu dreschen. Respekt! Weil unsere Eltern kaum Zeit für uns hatten, erzogen wir uns sozusagen gegenseitig, das war damals eben so. Ich denke, deswegen haben wir Geschwister auch alle eine enge Beziehung zueinander. Mein Bruder Murat ist zwei Jahre älter als ich, wir waren als Kinder immer zusammen, und ich übernahm viel von ihm, obwohl wir charakterlich sehr unterschiedlich sind. Er ist eher wie meine Mutter, die eine echte Macherin ist, tüchtig, wenn nötig auch knallhart. Ich bin eher wie mein Vater, ich bleibe immer ruhig und bin überzeugt, dass schon alles klappen wird. Mein Vater war auch immer sehr großzügig. Wenn er nach Tunceli kam, gingen wir zum Mittagessen, und er lud alle ein. Manchmal saßen 15 oder 20 Personen am Tisch, Nachbarn, Verwandte, Freunde. Meine Mutter war eher sparsam, ihr war das nicht recht, aber mein Vater sagte zu mir: «Junge, merke dir eins: Wenn du großherzig bist und denen, die weniger haben als du, etwas gibst, dann gibt dir Allah das wieder zurück.» Das prägte sich mir ein. Sonst war von Allah zu Hause wenig die Rede, wir waren Aleviten, wie 99 Prozent der Bevölkerung in dieser Gegend, da wurde das alles recht entspannt gesehen. Wir gingen auch nicht in die Moschee.

In Harçik wohnten wir sozusagen im Kreise der Familie – unser Nachbar war der Bruder meines Vaters. Er hatte zwölf Kinder, zehn Mädchen und zwei Jungs, und ich erinnere mich noch ganz genau, dass wir Jungs bei ihnen zwei Tassen Tee trinken durften und die Mädchen nur eine, die Jungs bekamen zwei Stück Zucker, die Mädchen nur eines, denn Zucker war damals teuer. Der Onkel war hochintelligent, aber in diesen Fragen knallhart, denn so waren damals die Bräuche. Er war Förster, ging zur Jagd und schoss ab und zu mal Spechte oder wilde Tauben. Ich kann mich gut an ein Silvesterfest erinnern, als es zur Feier des Tages Taube gab. Sie wurden mit den Knochen in Stücke geschnitten und dann in Milch gegart, mit ein bisschen Zimt und Zwiebeln. Dazu aßen wir Brot; das werde ich nie vergessen, es schmeckte köstlich. Und manchmal, wenn geschlachtet wurde, gab es «Kavurma». Dafür wurde Lamm- oder Ziegenfleisch mit Zwiebeln, Paprika und Peperoni in einer weiten, großen Pfanne, ähnlich einem asiatischen Wok, im eigenen Fett schön langsam geschmort; das konnte schon mal zehn Stunden dauern. Dann ließ man alles erkalten, und wir aßen es zum Frühstück, ebenfalls mit Brot.

In Harçik ging es uns finanziell schon etwas besser, und es gab öfter Fleisch zum Essen. Und wenn gebacken wurde, dann holten wir Kinder uns ein Stück ofenwarmes Brot, pflückten im Garten reife Tomaten, streuten ein bisschen Salz drauf: göttlich! Das gehört zu den ersten eindrücklichen Geschmackserlebnissen, an die ich mich bis heute erinnere. In Harçik gingen wir auch ab und zu mal ins Restaurant, und ich begann, einzelne Gerichte wahrzunehmen und mich dafür zu interessieren, wie sie zubereitet waren. Und wenn mein Bruder und ich ein bisschen Geld bekamen, dann liefen wir in die Stadt und kauften uns einen Döner. Wenn mein Vater uns während seines Heimaturlaubs ausführte, lernte ich Linsensuppe mit Minze, Zitrone und Chili kennen oder Lammschulter mit Kartoffeln und Tomaten. Besonders gerne aß ich Nieren, die wurden ein Leibgericht.

An die Schule erinnere ich mich nicht so gerne zurück. Ich war ein eher mittelmäßiger Schüler, was auch an den Umständen lag. Die erste und zweite Klasse besuchte ich in der Grundschule in Tunceli, aber dann wurde in Harçik eine Schule gebaut, und ich wechselte dahin. Leider war der Lehrer dort sehr streng, um nicht zu sagen grausam. Er nahm mir jede Freude am Lernen. Er schlug uns Kinder regelmäßig, oft aus nichtigem Anlass, und es blieb nicht bei einer Ohrfeige, es gab immer gleich drei oder vier. Am liebsten aber haute er mit dem Holzstock auf unsere Finger, oder wir mussten die Hände hinhalten, und er schlug mit dem Lineal auf die Handflächen. Furchtbar. Ich war eines seiner bevorzugten Opfer, vielleicht auch, weil er wusste, dass mein Vater weit weg war und er von dieser Seite nichts zu befürchten hatte.

Was ich aber mein Leben lang nicht vergessen werde, war die Sache mit dem Ball. Ich hatte mir immer einen Ball gewünscht, und eines Tages kaufte mir meine Mutter einen billigen aus Plastik, aber eben: einen richtigen Ball. Stolz ging ich damit nach Hause und am Montag, zum Sportunterricht, nahm ich meinen Ball dann mit. In der Schule gab es keine Bälle oder Sportgeräte, wir spielten meistens Fangen, das war's. Nun konnten wir alle gemeinsam Feuerball oder Völkerball spielen. Als wir anschließend wieder ins Klassenzimmer kamen und ich den Ball im Fach unter meiner Bank verstaute, sagte der Lehrer: «Ich sehe, du hast einen schönen Ball, Ali Haydar, komm' doch mal nach vorne und zeige ihn mir.» Ich war sehr stolz und ging zu ihm. Und er sagte: «Du spielst also in deiner Freizeit Fußball? Ich habe dir doch gesagt, du sollst lernen», öffnete die Schublade seines Tisches, nahm ein kleines Messer und schlitzte meinen Ball auf. Ich traute meinen Augen nicht, es war entsetzlich. Dann schlug er mir fünfmal auf jede Handfläche; den Schmerz habe ich jedoch kaum gespürt, weil mir das Herz schon so weh tat. Die seelische Grausamkeit verletzte mich mehr als seine Schläge. Und ich lernte: Egal was ich mache, ich kriege sowieso wieder eine geschmiert.

Später, als wir schon in Deutschland lebten, hörten wir von ehemaligen Klassenkameraden aus Harçik, dass der Lehrer es zu weit getrieben hatte. Einen Jungen schlug er so heftig, dass dessen Eltern die beiden älteren Brüder in die Schule schickten, um mit dem Lehrer zu reden. Er verweigerte das Gespräch und verschanzte sich in der Schule. Ein paar Tage später brannte die Schule ab – die Umstände wurden nie geklärt.

Als ich acht Jahre alt war, veränderte sich das politische Klima in der Region. Immer öfter hörte man von Unruhen. Hinter vorgehaltener Hand wurde von Kämpfen zwischen der kurdischen Unabhängigkeitsbewegung PKK und dem türkischen Militär erzählt, und plötzlich sah man viel mehr Polizisten auf den Straßen, auch Soldaten. Ich erinnere mich ganz genau an ein Wochenende im Herbst; es war später Nachmittag und wurde gerade dunkel. Da hörte ich plötzlich drei

Schüsse. Ich war zu Hause und erschrak fürchterlich. Bamm. Bamm. Bamm. Eine halbe Stunde später war ganz Harçik von Soldaten und Militärfahrzeugen umringt. Es hieß, einer unserer Nachbarn sei draußen auf dem Feld erschossen worden, mit drei Schüssen. Man erzählte sich später, ein Sohn des Ermordeten sei bei den Rebellen gewesen, ins Gefängnis gekommen und hätte dort gegen die PKK ausgesagt, Geheimnisse verraten. Aus Rache hatten die Rebellen seinen Vater erschossen, munkelten die Leute im Dorf. Ob es wirklich so war, erfuhr ich nie. Aber von da an herrschte im Dorf ein Klima der Angst. Die Familie des Opfers beschuldigte meinen Onkel, er habe die Schüsse abgegeben. Die Polizisten nahmen ihn mit, drei oder vier Monate saß er in Untersuchungshaft, auch meine Tante und die Söhne mussten mit aufs Revier und wurden verhört. Mein Onkel beteuerte seine Unschuld, aber sie folterten ihn, um ein Geständnis zu erzwingen. Auch meine Cousins, sie waren zehn und zwölf Jahre alt, wurden mit Stromschlägen an den Fingern und an den Füßen gefoltert, damit sie etwas verraten. Es war eine grausame Zeit.

Unsere Familie blieb glücklicherweise verschont, obwohl mein älterer Bruder auch schon zehn Jahre alt war und wir jeden Tag fürchteten, sie würden auch ihn abholen. Meine Mutter wollte mit uns Kindern nicht länger in Tunceli bleiben. Sie setzte meinen Vater unter Druck, forderte eine Entscheidung und sagte: «Das wird hier immer schlimmer. Entweder wir ziehen zu dir nach Deutschland oder nach Istanbul. Ich kann mit den Kindern hier nicht mehr bleiben.» Mein Vater verstand das und gab nach, obwohl er andere Pläne hatte: Er wollte nie ganz nach Deutschland übersiedeln, sondern dort nur Geld verdienen, irgendwann zurückkommen und in Tunceli ein Geschäft eröffnen, von dem die ganze Familie hätte leben können. Als er 1966 als einer der ersten türkischen Gastarbeiter nach München kam, wollte er nur für fünf Jahre bleiben, daraus wurden zehn und dann 20 Jahre. Für meine Mutter war das sehr hart, denn er kam meist nur ein Mal im Jahr nach Hause und nahm dafür eine beschwerliche Reise auf sich: mit dem Flugzeug von München nach Istanbul, von dort weiter per Bus, 26 Stunden bis Pageou. Mein Vater arbeitete in München als Schweißer in der Kanalisation; im Winter konnte dort nicht gearbeitet werden, es gab also eine Pause von zwei oder drei Monaten, die er bei uns verbrachte. Später habe ich ihn einmal gefragt, warum er in Deutschland nie den Führerschein gemacht habe. Er sagte: «Ich wollte ja nie hierbleiben. Ich wollte immer zurück. Wozu hätte ich da den deutschen Führerschein gebraucht?»

Als wir Kinder hörten, dass wir nach Deutschland ziehen würden, war die Freude riesig. Wir hatten natürlich keine Vorstellung davon, was das bedeutete, aber unser Vater hatte immer sehr positiv über Deutschland gesprochen. Wir wussten, dass das Land wohlhabend ist und es den Menschen dort gut geht. Mein Vater war ein großer Fan deutscher Wertarbeit, er riet auch den Nachbarn zu Hause in Tunceli immer, deutsche Produkte zu kaufen. Wenn die Deutschen etwas machen, dann machen sie es gut, sagte er immer. Als wir noch kleiner waren, mochten wir vor allem die Schokolade, die er uns mitbrachte und die wir vorher nicht gekannt hatten. Ich hatte bis zu meinem zehnten Lebensjahr so gut wie keine Süßigkeiten gegessen. Wir benutzten auch keine Zahnbürsten, aber wir haben alle gute Zähne, bis heute, weil wir nie Süßes bekamen und uns auch sonst sehr gesund und natürlich ernährten.

Wir freuten uns sehr auf Deutschland, am meisten darauf, dass wir endlich wieder alle zusammen unter einem Dach leben würden, die ganze Familie. Wir hatten ja nie längere Zeit mit unserem Vater zusammengewohnt.

Es ging dann alles sehr schnell: Beim Fotografen in Tunceli wurden Passfotos gemacht – für uns sehr aufregend, denn wir wussten weder, was ein Reisepass ist, noch, was uns in München erwarten würde. Wir packten unsere Sachen zusammen, ein paar Koffer, mehr war es nicht. Meine Mutter räumte im Haus alles auf, deckte die Möbel ab, und dann ging es los: zunächst die 26 Stunden per Bus nach Istanbul. Schon das war ein Abenteuer, denn wir fuhren alle zum ersten Mal

Bus. Dann die Ankunft am Bosporus – keiner von uns hatte jemals zuvor das Meer gesehen. Und die vielen Schiffe! Wir blieben noch drei oder vier Tage in Istanbul bei einem Onkel, während meine Mutter ein paar Behördengänge erledigte. Und dann saßen wir irgendwann tatsächlich am Flughafen, meine Mutter und wir Kinder, alle sehr nervös. Beinahe hätten wir das Flugzeug verpasst, weil wir keine Ahnung hatten, wie die Dinge an einem Flughafen ablaufen. Auch meine Mutter war noch nie geflogen und zudem Analphabetin, deshalb konnte sie die Anzeigetafeln nicht lesen. Wir saßen dort also mit unseren Koffern, saßen und saßen, und nichts passierte. Irgendwann sprach mich ein Herr an, wo wir denn hinwollten. Und ich sagte: «Wir fliegen zu unserem Papa.» Er ließ sich unsere Tickets zeigen, und es stellte sich heraus, dass wir viel zu spät dran waren. Wir rannten los, irgendwie ging alles doch noch gut, und endlich waren wir auf dem Weg nach München.

Weihnachten 1986 kamen wir in Deutschland an, und ich erinnere mich, als wäre es gestern gewesen. Mein Vater stand in der Ankunftshalle, um uns abzuholen, und wir rannten um die Wette in seine Arme; alle weinten, es war ein sehr emotionaler Moment. Weil mein Vater keinen Führerschein hatte, war ein Nachbar mitgekommen, in dessen Auto wir uns alle zwängten – ein Ford Transit, alle Türken fuhren damals Ford Transit. Alles beeindruckte uns ungeheuer: die Straßenbeleuchtungen, die Ampeln und der so akkurat funktionierende Verkehr.

Draußen lag kein Schnee, es regnete, war windig und kalt. Als Muslims war uns Weihnachten fremd, und wir bestaunten unterwegs die festlich geschmückte Stadt mit den Tausenden von Lichtern, den üppig dekorierten Schaufenstern und den vielen Weihnachtsbäumen. Es war wie ein erster Blick in eine glitzernde Welt, die wir bis dahin nicht kannten. Wir fuhren vom Flughafen zu der Wohnung, die mein Vater für uns alle angemietet hatte. Karlstraße, Ecke Dachauer Straße, in der Nähe des Hauptbahnhofs, eine Vier-Zimmer-Wohnung im

Mit zehn Jahren, frisch in München angekommen

ersten Stock, und wir kamen aus dem Staunen nicht heraus. Meine älteste Schwester Nurcan, sie war damals 18 Jahre alt, hatte schon seit einiger Zeit bei unserem Vater gelebt. Sie war in der Türkei am Herzen erkrankt und war schon mit elf Jahren zur Behandlung nach München gekommen. Sie zeigte und erklärte uns alles in der neuen, fremden Welt – zum Beispiel, wie man ein Badezimmer oder eine Toilette benutzt. Wir waren Bauernkinder aus allereinfachsten Verhältnissen, wir kannten das alles nicht. Es gab viel zu lernen! Meine Schwester hatte gekocht: unser erstes Essen in Deutschland, Hühnchen, ganz klassisch mit Kartoffeln und Gemüse im Ofen gebraten. Ein unvergesslicher Abend, aber ich bemerkte gleich, dass es anders schmeckte als die Hühner meiner Kindheit, das Fleisch viel weicher und weniger aromatisch war – es kam aus der Tiefkühltruhe, während wir in Pageou freilaufende Hühner hatten.

Später sprachen wir oft darüber, wie goldrichtig die Entscheidung unserer Eltern war, damals auszuwandern. Es war eine sehr unruhige Zeit in der Türkei – und gerade als Junge aus einfachen Verhältnissen war man gefährdet, an falsche Freunde oder womöglich auf die schiefe Bahn zu geraten oder sich zu radikalisieren. In Deutschland schafften wir alle einen Schulabschluss und schlossen eine Ausbildung ab – und das, obwohl unsere Mutter nie eine Schule besucht hat und unser Vater nur die Grundschule. Das ist nicht schlecht für eine Migrantenfamilie mit sieben Kindern. Wir sind unseren Eltern unendlich dankbar, dass sie uns eine solche Zukunft ermöglichten.

Fleischpflanzerl und Kartoffelsalat – *Durchkämpfen in der neuen Heimat*

Für unsere Familie begann in München nun ein neues Leben, doch bei aller Euphorie: Der Anfang in der Wahlheimat war alles andere als leicht. Wir Neuankömmlinge sprachen kein Wort Deutsch. Am Morgen nach unserer Ankunft nahm uns unsere älteste Schwester beiseite und schärfte uns ein, vorsichtig zu sein, wenn wir das Haus verließen. Wir sollten nicht alleine auf die Straße gehen, weil wir uns nicht verständigen konnten und uns nicht auskannten. Das machte uns Angst, und ich erinnere mich, dass wir die ersten paar Tage gar nicht aus dem Haus gingen. Wir fürchteten, dass uns in dieser unbekannten Welt etwas passieren könnte. Zum Glück gab es einen Nachbarsjungen, Cetin, ein Verwandter von uns. Er war in München geboren und sprach perfekt Deutsch. Er führte uns auf unseren ersten Erkundungsgängen und übersetzte für uns. Bei den ersten Einkäufen in deutschen Supermärkten fühlten wir uns völlig verloren und orientierungslos, aber Cetin erklärte alles – eine große Hilfe. Und dann kam schon bald der erste Schultag in der neuen Heimat. Unsere Schwester hatte uns angemeldet, und Anfang Januar ging es los.

Es war ein echter Kulturschock, dieser Wechsel von der Grundschule in Tunceli in die Schwindschule in Schwabing. Ich kam in die fünfte Klasse, eine sogenannte Übergangsklasse für Kinder mit Migrations-

Als Zwölfjähriger mit Cousin Cetin

hintergrund. Wir hatten eine tolle Lehrerin, Frau Koch. Die 28 Schüler kamen aus dem Iran, aus der Türkei, aus dem damaligen Jugoslawien und aus Ungarn, und gemeinsam lernten wir nach und nach die neue Sprache, aber auch Mathematik oder Erdkunde auf Deutsch. Ich weiß gar nicht mehr, wie das überhaupt ging, weil wir anfangs wirklich kein Wort verstanden – aber nach und nach eigneten wir uns die Sprache an. Es war auch auf dem Schulhof nicht einfach, denn wir hatten wenig Kontakt mit den deutschen Schülern. Die ausländischen Kinder blieben unter sich, und es gab auch öfter Reibereien zwischen den beiden Gruppen. Ab der siebten Klasse besuchte ich dann eine gemischte Klasse mit deutschen Kindern, und jetzt kam noch Englisch auf den Lehrplan – viel auf einmal. Zu Hause sprachen wir nur Kurdisch, in der Grundschule in Tunceli hatten wir Türkisch gelernt – und in München kamen mit Deutsch und Englisch gleich zwei weitere Sprachen dazu.

Was es für uns noch schwieriger machte: Zu Hause hatten wir niemanden, der uns bei den Schularbeiten hätte helfen können. Wir wurden nicht wie andere Schüler gefördert. Meine Mutter sprach selbst kein Deutsch, mein Vater nur gebrochen, ein typisches «Ausländerdeutsch». Meine ältere Schwester war schon weiter, aber sie musste arbeiten und konnte sich nicht um uns kümmern. Auch in dieser großen, unbekannten Stadt waren wir wieder uns selbst überlassen. Meine Mutter hatte mit dem Haushalt viel zu tun; zu Anfang besaßen wir noch keine Waschmaschine, sie wusch alles mit der Hand – das Geld war eben immer knapp. Nach einem Jahr kaufte mein Vater eine Waschmaschine, und darüber war sie sehr, sehr glücklich. Meine Mutter legte immer viel Wert darauf, dass wir Kinder frisch gewaschen und ordentlich gekleidet zur Schule gingen, auch die Wohnung war immer blitzblank; das war ihr ganzer Stolz.

Ich war zwölf Jahre alt, als ich in die siebte Klasse kam; jetzt waren die Ansprüche natürlich höher, und ich merkte schnell, wie viele Schwierigkeiten ich noch hatte, vor allem, was das Deutsche anging. Wenn es darum ging, einen Aufsatz zu schreiben, war ich ratlos, und auch die Grammatik beherrschte ich nicht richtig. Trotzdem schlug ich mich irgendwie durch und weiß heute nicht mehr so recht, wie das gelang. Ich war nicht der beste Schüler, aber auch nicht der schlechteste, eher Mittelmaß. Mein Ziel war, nicht sitzenzubleiben. Meine Note in Deutsch war alles andere als gut, aber ich bemühte mich, das in den anderen Fächern auszugleichen. Ich glaube, die Lehrer hatten es auch nicht immer leicht mit uns. Ich wollte natürlich meinen Abschluss machen, aber das Lernen lag mir einfach nicht – ich war eher der Macher und wollte lieber etwas Praktisches tun.

In der achten Klasse kam der Hauswirtschaftsunterricht dazu; alle zwei Wochen durften wir kochen, und ich stellte fest, dass ich daran richtig Spaß hatte. Auch zu Hause, wenn meine Mutter kochte, schaute ich ihr immer gerne zu und packte mit an. Am Küchentisch sah ich die Linsen oder Kichererbsen durch, ob Steine darunter waren oder etwas Angefaultes. Und dann griff sozusagen das Schicksal ein: Von einem auf den anderen Tag musste ich für die ganze Familie kochen. Meine Mutter war mit 45 Jahren noch einmal schwanger geworden. Uns halbwüchsigen Kindern war das furchtbar peinlich – in dem Alter! Wir drängten sie sogar, das Kind abzutreiben, aber meine Mutter entschied sich anders. Es war natürlich eine Risikoschwangerschaft, aber die Fruchtwasseruntersuchung war ohne Befund, und die Ärzte sagten, sie könne das Kind bekommen, es sei alles in Ordnung. Die ganze Schwangerschaft hindurch begleitete ich meine Mutter nun zu allen Untersuchungen und übersetzte, weil sie nur Kurdisch sprach, und eines Tages sagte der Arzt, sie müsse gleich im Krankenhaus bleiben, das Baby käme bald. Ich fuhr mit der Straßenbahn nach Hause, um ein paar Sachen für sie zu holen, ihre Tasche stand schon fertig gepackt bereit. Als ich zurück in die Klinik kam, war mein Bruder Can bereits auf der Welt. Meine Mutter blieb eine Woche im Krankenhaus, und wie selbstverständlich übernahm ich zu Hause das Kochen.

Mein Vater kam gegen 16 Uhr nach Hause, also stellte ich mich nach der Schule in die Küche und sorgte dafür, dass etwas Warmes zu essen auf dem Tisch stand. Besonders gerne kochte ich Gulasch, dazu Reis und Salat. Das Fleisch röstete ich an, schnitt ein paar Zwiebeln in Ringe, gab etwas Tomatenmark dazu, das Ganze füllte ich mit Wasser auf und ließ es drei, vier Stunden vor sich hin köcheln. Manchmal gab ich auch Bohnen mit zum Fleisch oder Kichererbsen, je nachdem, was da war. Das war natürlich keine große Kochkunst, aber mir machte es Spaß, und alle freuten sich. Wir aßen damals viel Fleisch, weil mein Vater der Meinung war, eine Mahlzeit ohne Fleisch sei kein richtiges Essen. Alle drei bis vier Monate schlachteten wir ein Tier, und die Schlachttage waren für uns Kinder aufregend: Wir fuhren aufs Land zu einem Bauern, kauften dort ein Schaf oder ein Lamm, und mein Vater schlachtete es gleich vor Ort. Wir zerlegten das Tier in grobe Teile, packten es ins Auto, und zu Hause wurde dann alles portioniert. Meistens teilten wir uns ein Tier mit den Nachbarn; so war immer Fleisch im Haus, und es war viel billiger, als wenn wir es im Supermarkt gekauft hätten.

Mein erstes Lammragout

Als ich mit zwölf Jahren begann, zu Hause für die Familie zu kochen, war dieses Lammrezept meiner Mutter eines meiner Lieblingsgerichte. Dazu servierte sie typisch türkischen Pilawreis, der für die Optik mit Sehriye (kleinen reisförmigen Teigwaren) angereichert wird. Sehriye findet man in orientalischen Lebensmittelläden oder online.

1 kg Lammgulasch, am besten aus der Schulter
3 Zwiebeln, gewürfelt
2 Knoblauchzehen, gewürfelt
Tomatenmark
1 Prise Zimt
2 EL Rosinen
2–3 Kartoffeln
300 g Rundkornreis
2 EL Sehriye

In einem großen Topf Wasser zum Kochen bringen, etwas salzen und das Lammfleisch darin etwa eine Stunde vor sich hin köcheln lassen, dann das Fleisch herausnehmen und die dabei entstandene Brühe beiseitestellen (sie kann für andere Gerichte verwendet werden). Zwiebel und Knoblauch in Butter anschwitzen, etwas Tomatenmark dazugeben und das gekochte Fleisch darin anbraten. 1 Prise Zimt und die Rosinen dazugeben und das Ganze mit Lammfond auffüllen, sodass das Fleisch gut bedeckt ist. Mit geschlossenem Deckel auf kleiner Flamme köcheln lassen. Später den Deckel abnehmen, die Brühe leicht einreduzieren und zur Bindung der Soße zwei bis drei rohe Kartoffeln hineinreiben.

Für den Pilawreis die Sehriye in Butter anschwitzen, bis sie leicht bräunen. Den Reis dazugeben und kurz mit braten. Dann mit Wasser auffüllen (es soll ca. 1 cm über dem Reis stehen). Den Reis mit geschlossenem Deckel und bei kleiner Flamme ca. 20 bis 30 Minuten köcheln, bis das Wasser komplett aufgesogen ist.

In dieser Zeit, als ich notgedrungen zu Hause kochte, stellte ich immer deutlicher fest: Das macht mir wirklich Spaß. Und weil wir auch in der Schule kochten, wurde es für mich zum Thema. In der Schule kochten wir Gerichte, die ich nicht kannte, Spaghetti bolognese oder Lasagne. Und natürlich Fleischpflanzerl – so nennt man in Bayern Frikadellen. Mir waren die Gerichte zwar neu, aber ich merkte rasch, dass ich zu den Lebensmitteln einen ganz anderen Bezug hatte, als meine Klassenkameraden, weil ich auf einer Art Bauernhof aufgewachsen war. Wenn wir zum Beispiel Gurkensalat machten, fiel mir auf, dass die Gurken, die in holländischen Treibhäusern gewachsen waren, viel weniger Geschmack hatten als die, die ich aus Pageou kannte. In der neunten Klasse hatten wir dann jede Woche Hauswirtschaftskunde, und ich war in meinem Element. Trotzdem wäre ich damals nicht im Traum auf die Idee gekommen, Koch zu werden. Ich wusste nicht einmal, dass dieser Beruf existierte.

Mein Deutsch war mit der Zeit immer besser geworden, weil ich nun auch deutsche Freunde hatte; der Umgang mit ihnen brachte mich sprachlich weiter. Auch der Jugendtreff in der Luisenstraße, den wir nach der Schule besuchten, war eine große Hilfe. Dort kümmerten sich Sozialpädagogen um uns, wir konnten Tischtennis spielen, Sport treiben oder auch mal fernsehen – und einmal in der Woche wurde auch dort gemeinsam gekocht. Dabei lernte ich Seppi kennen, der eigentlich Josef hieß. Er machte eine Ausbildung zum Koch und war im ersten Lehrjahr. Mein Bruder und ich konnten erst gar nicht glauben, dass ein Mann beruflich kocht; in unserer türkisch-orientalischen Welt war das eine Beschäftigung für Frauen. Die anderen lachten ihn aus, aber ich wurde nachdenklich und löcherte ihn mit Fragen. Was macht man denn so als Koch? Wir wurden zu dieser Zeit in der Schule schon auf den Hauptschulabschluss vorbereitet und angehalten, Bewerbungen zu schreiben und uns um Praktikumsplätze zu bemühen. Das Thema beschäftigte mich sehr, aber einen wirklichen Plan hatte ich noch nicht.

Im Freizeitheim, das wir nach der Schule besuchten, wurde freitags gemeinsam gekocht; hinter mir [zweiter von links vorne] mein Bruder Murat

Bei den Hausaufgaben im Freizeitheim Luisenstraße mit Freunden

Ich war 14 Jahre alt, und viel wichtiger als die Stellensuche war mir die Boygroup, die ich mit meinem Bruder und unserem Cousin im Freizeitheim gegründet hatte. Wir nannten uns MAC, nach den Anfangsbuchstaben unserer Namen, M für Murat, A für Ali und C für Cetin. Manchmal spielten wir auch Fußball, aber meistens tanzten wir. Und wir waren richtig gut! Unser Idol waren amerikanische Hiphopper wie MC Hammer mit seinem «U can't touch this», das war damals ein Riesenhype. Wir traten im Freizeitheim in der Kinderdisco für Jugendliche auf und gewannen auch den einen oder anderen Talentwettbewerb. Von dem Preisgeld ließen wir uns beim Schneider in der Nachbarschaft Tanzkostüme nach eigenen Entwürfen nähen. Im Jugendtreff durften wir proben, die Sozialpädagogen unterstützten uns; sie fanden es gut, dass wir selbst etwas auf die Beine stellten. Wir hatten Glück mit unserem Freizeitheim; es gab damals auch solche in

Als Zwölfjähriger mit Bruder Murat (li.) und Cousin Cetin (re.) als Boygroup «MAC»

München und im Umland, in denen ein härteres Klima herrschte und einige Jungs in die Kriminalität abrutschten.

In der Schule wuchs der Druck, aber leider ließ meine Motivation im gleichen Maße nach. Ich wollte das alles nur noch irgendwie über die Bühne bringen und meinen Abschluss schaffen. In der neunten Klasse kam es zu einem Vorfall mit der Klassenlehrerin, der mir endgültig jeden Spaß am Unterricht nahm: Die beiden Klassensprecherinnen verpassten wegen einer Schülerversammlung eine Unterrichtsstunde. Als sie zurückkamen, wies mich unsere Klassenlehrerin an, ich solle den beiden den verpassten Stoff vermitteln; sie hatte mich an dem Tag aus irgendeinem Grund auf dem Kieker. Ich erwiderte, das sei nicht meine Aufgabe, sondern ihre. Sie wurde unheimlich wütend, das werde ich mein Leben lang nicht vergessen, und machte mich richtig nieder: «So einer wie du hat hier nichts zu suchen, du gehörst in die Sonderschule!» Dass sie so etwas vor allen anderen sagte, traf mich sehr. Ein Mädchen stand auf und erklärte, sie fände es nicht gut, dass man so mit mir rede. Ich wollte vor der Klasse nicht das Gesicht verlieren und erwiderte der Lehrerin: «Wir werden sehen, was das Leben so bringt.» Darauf giftete sie: «Ja, wir werden sehen, wenn du dann irgendwann auf der Straße hängst.» Ich antwortete nicht mehr, war sehr verletzt und enttäuscht. Dieser Vorfall ging mir lange nicht aus dem Kopf. Warum hatte die Lehrerin so reagiert? Mochte sie mich nicht, weil ich Türke war?

Ich sagte mir: Was dich nicht umbringt, macht dich härter. Schon damals zog ich aus solchen Erlebnissen auch neue Stärke. Und das ist bis heute so: Wenn ich mich unterschätzt oder schlecht behandelt fühle, wehre ich mich und halte mit aller Kraft dagegen. Manchmal ist das gut, manchmal wäre es besser, die Dinge etwas lockerer zu sehen. Damals in der Schule hängte ich mich jedenfalls auf den letzten Metern nochmals richtig rein und konnte so meine Abschlussnoten verbessern. Und ich fing an, Bewerbungen zu schreiben. Als dann Schluss mit der Schule war, wusste ich aber immer noch nicht, was ich machen sollte. Mit meinen Eltern konnte ich darüber nicht reden, sie kannten sich nicht aus und überließen die Entscheidung mir. Mein Vater sagte immer: «Schaut, dass ihr die Schule gut abschließt, vielleicht sogar studiert. Und wenn es kein Studium wird, dann auf jeden Fall eine Ausbildung.» Aber welchen Weg wir einschlugen, sollten wir selbst bestimmen. Mein Bruder Murat, zwei Jahre älter als ich, machte eine Ausbildung als Elektroinstallateur, aber das kam für mich nicht in Frage. Ich hatte Bewerbungen für einen Ausbildungsplatz als Drucker oder Einzelhandelskaufmann geschrieben. Den Beruf des Kochs hatte ich immer noch nicht so richtig auf dem Plan. Am liebsten hätte ich bei Saturn Hansa eine Lehre als Einzelhandelskaufmann begonnen, aber leider bekam ich eine Absage. Und den Beruf des Druckers wollte ich doch nicht erlernen.

Dann spielte Seppi Schicksal; eines Tages kam er im Freizeitheim auf mich zu und sagte: «Du, wir suchen Auszubildende, hast du nicht Lust, zu uns zu kommen?» Ich hatte keinerlei Vorstellung davon, was man als Koch in einer Restaurantküche so macht, aber ich wollte mir das Ganze einmal anschauen. Das Wirtshaus am Rosengarten lag im Stadtteil Sendling im Westpark, ganz idyllisch mitten im Grünen, ein großer Biergarten gehörte dazu, wo man – typisch bayerisch – unter alten Kastanien saß. Eine große, rustikale Gaststätte, aber damals wurde in solchen Häusern noch mit Anspruch gekocht. Ich stellte mich vor, der Küchenchef unterhielt sich mit mir, er war mir auf Anhieb sympathisch. Er war selbst noch jung, vielleicht 24 oder 25 Jahre alt. Am Ende des Gesprächs sagte er, ich könne bei ihm anfangen, wenn ich wolle, zunächst für drei Monate Probezeit. Ich bekam einen Ausbildungsvertrag und den Auftrag, mir eine Kochjacke und -hose sowie Profimesser zu kaufen. Insgesamt kostete mich die Ausstattung 400 D-Mark, für mich damals ein Vermögen, aber glücklicherweise hatte ich neben der Schule Zeitungen ausgetragen und so etwas Geld gespart.

Im September 1991 begann ich meine Lehre im Wirtshaus am Rosengarten, noch keine 15 Jahre alt. Und, was noch schlimmer war: Ich war damals kaum 1 Meter 50 groß. Erst viel später erzählte mir der Küchenchef, dass er und seine Kollegen Zweifel hatten, ob ich den Job schaffen würde, weil ich so schmächtig war. Damals war der Beruf des Kochs körperlich noch fordernder als heute, weil man oft große, schwere Töpfe herumwuchten musste. Aber meine mangelnde Größe machte ich von Anfang an durch besonderen Einsatz wett. Mein allererster Job war ein Tomatensalat. Ich schnitt die Tomaten in Scheiben, fächerte sie sorgfältig auf ein Blech, hackte die Zwiebeln klein und streute sie darüber, dann kam der Chef und machte das Ganze mit dem Hausdressing an. Morgens musste ich für alle Kollegen Frühstück machen, Wurst aufschneiden, Butter, Marmelade und Semmeln bereitstellen, Kaffeekochen. Und man ließ mich die Vorarbeiten für die Salate machen: grüne Salate putzen, Kartoffeln schälen, Karotten und Gurken schnippeln. Anfangs durfte ich abends noch nicht arbeiten, weil ich erst 14 war, aber nachdem ich Mitte Oktober meinen 15. Geburtstag gefeiert hatte, konnte ich dann auch bis 22 Uhr bleiben.

Ich merkte rasch, dass mir die Arbeit großen Spaß machte und dieser Job genau das Richtige für mich war. Das Gasthaus am Rosengarten war ein richtiger Traditionsbetrieb, ich bekam dort eine ganz klassische Ausbildung. Die Küche war so organisiert, wie es früher überall war, in Anlehnung an die französische Haute Cuisine, mit einer klaren Rangordnung und für jeden Bereich einen eigens zuständigen Koch, den sogenannten Postenchef – der Gardemanger kümmert sich um die Kalte Küche, der Potager um die Suppen, der Poissonnier um Fisch und Meeresfrüchte, der Entremetier um Beilagen, der Rôtisseur brät Fleisch, der Saucier bereitet die Soßen zu und der Pâtissier die Süßspeisen. All diese sogenannten Küchenposten werden vom Küchenchef und seinem Stellvertreter, dem Souschef, dirigiert. In der Berufsschule lernte ich alle Fachbegriffe, noch dazu auf Französisch, das war nicht mein Fall. Viel lieber stand ich in der Küche. Die Kollegen akzeptierten mich rasch, und ich lernte in kürzester Zeit sehr viel. Die ersten paar Monate war ich in der Kalten Küche, also beim Gardemanger, eingeteilt. Anfangs bereitete ich vor allem Salate für unser großes Salatbuffet zu, von Kartoffelsalat über Kraut-, Gurken- und Karottensalat bis zum Weißkohl- oder Rotkohlsalat. Heute wird so etwas in vielen Gasthäusern fertig zugekauft, aber bei uns war damals alles noch hausgemacht, natürlich auch die Dressings, von der Essig-Öl-Soße bis zum French oder Thousand Island Dressing.

Nachdem ich ein paar Wochen dabei war, stand eines Tages der Postenchef für die Kalte Küche vor dem Dienstplan und kratzte sich nachdenklich am Kopf. Er wollte am Wochenende unbedingt zu einem Eishockeyspiel gehen; er hatte schon die Karten, aber keinen Ersatzmann, der in der Küche für ihn einspringen konnte. Ich sagte: «Wo ist das Problem? Ich übernehme das.» Er hatte Zweifel: «Ich kann dich doch nicht jetzt schon alleine lassen.» Aber ich sagte: «Ich schaffe das schon.» Und so kam es auch. Er ging zum Spiel, und ich schmiss die Kalte Küche alleine. Mein Chef war sehr beeindruckt – und wusste nun, dass er auf mich zählen konnte. Als Gardemanger waren wir für alle Vorspeisen zuständig, von Matjes Hausfrauenart über Zanderterrine mit Senfgurken oder Wildpastete mit Sauce Cumberland bis zum gebackenen Camembert mit Preiselbeeren, frittierter Petersilie und Toast – die Klassiker eben. Nachmittags gab es eine Brotzeitkarte, wir richteten täglich unzählige Schinken- und Käseplatten an, dazu kamen Vorspeisenplatten für Buffets.

Wir bereiteten damals noch vieles im Haus zu, wofür sich heute niemand mehr die Zeit nimmt, zum Beispiel Terrinen mit Ente, Fisch oder Gemüse. Wir drapierten auch Seezunge oder Lachs im Ganzen auf großen Schalen und übergossen den Fisch anschließend mit Gelee, als Schaustück für ein Buffet. Und ab und zu nahmen wir für Veranstaltungen auch etwas so Aufwendiges wie eine Galantine in Angriff, also eine Zubereitung aus einem ganzen entbeinten Tier, die mit Fleischfarce und anderem gefüllt wird. Für eine Hühnergalantine etwa füllten wir ein Huhn mit Hühnerbrust und -farce, dazu gaben wir Trüffel, Speck, Zunge, Stopfleber und Pistazien, das Ganze wurde dann in Kalbsfond gegart und mit weißer Chaud-froid-Soße überzogen, die beim Abkühlen gelierte, eine echte Schau. Am Rosengarten gab es auch noch eine eigene Konditorei, wo die Pâtissiers alle Torten und Kuchen herstellten. All das war viel Arbeit, vor allem im Sommer, wenn noch der große Biergarten dazukam, wo jede Menge Spareribs, Salate und Fleischpflanzerl bestellt wurden. Wir hatten also gut zu tun, aber wir waren auch ein großes Team von über 20 Köchen, darunter drei Küchenmeister.

Vom Gardemangerposten wechselte ich später zum Entremetier, wo alle Beilagen zubereitet wurden für Fisch, Fleisch und auch für die vegetarischen Gerichte. Am Rosengarten war der Entremetier auch für die Suppen zuständig. Wir kochten selbst jede Consommé frisch, die klare Fleischbrühe aus Rinderknochen, Suppenfleisch, Suppengemüse und Gewürzen, die Basis fast aller Suppen ist. Wenn sie besonders klar ist, heißt sie «Consommé double», dann musste sie fünf Stunden garen. Unser Job war es auch, Spätzle zu schaben und Nudeln zu machen. Und Kartoffelgerichte: Bei uns gab es als Beilagen noch die ganz klassischen französischen Zubereitungen, Kartoffelkroketten oder Pommes Dauphine, eine Mischung aus Kroketten- und Brandteig. Und natürlich Herzoginkartoffel (Pommes Duchesse)! Dazu gibt man eine Masse aus Kartoffelpüree, Ei, Salz und Pfeffer mit dem Spritzbeutel aufs Blech und bräunt sie im Ofen, das schmeckte köstlich und war sehr dekorativ. Im Laufe meiner dreijährigen Lehrzeit durchlief ich all die verschiedenen Küchenstationen, nach dem Entremetier kam der Saucier und dann der Rôtisseur, der Fleisch- und Grillposten, wo wir Kurzgebratenes zubereiteten, aber auch Rinderfiletbraten, Zwiebelrostbraten oder Grillpfanne. Und natürlich Klassiker wie ein schönes Chateaubriand, ein doppeltes Steak aus dem Kopf oder der Mitte des Rinderfilets, das vier Zentimeter dick geschnitten wird und für zwei Personen reicht. Auch Rinderlende Strindberg hatten wir damals noch im Programm, dazu wird das besonders zarte Fleisch der Rinderlende mit einer Zwiebel-Senf-Kruste überbacken.

Auch den Saucenposten mit seinen vielfältigen Aufgaben werde ich nie vergessen. Jeden Morgen um 8 Uhr 30 musste der Schweinebraten in den Ofen. Der war echt gut, immer aus der Schweineschulter geschnitten, ein bisschen mit Knoblauch eingerieben, etwas Kümmel, Salz und Pfeffer dazu und dann im Ofen gegart. Der Saucier war auch für alle Schmorgerichte zuständig, also Rehkeulen oder -braten, Sauerbraten oder Böfflamott, wie das Bœuf à la mode, der klassische Rinderschmorbraten, in Bayern heißt. Am Rosengarten wurden immer halbe Rinder oder Schweine eingekauft und im Kühlhaus aufgehängt. Auch wir Auszubildenden mussten lernen, wie man so ein Tier zerlegt und zum Beispiel eine Rinderkeule auslöst. Auch Innereien, die in bayerischen Gasthäusern bis heute beliebt sind, waren ein großes Thema. Niere, Leber oder Milz, alles wurde verarbeitet. Leber gab es meist ganz klassisch auf Berliner Art, in der Pfanne von beiden Seiten gebraten, dazu geröstete Zwiebeln, Kartoffelpüree, eine schöne Pfeffer-Cognac-Soße und glasierte Apfelspalten. Wirklich gut! Die Nieren wurden oft sauer angeboten, das heißt, wir kauften sie ohne Fettmantel ein, schnitten sie in feine Streifen, legten sie in Milch ein und brieten sie schließlich in Butter. Dazu gab es eine süßsaure Senfsauce, Kartoffelpüree und etwas Gemüse. Für mich war all das eine neue Welt und zwar im doppelten Sinne, weil ich ja auch erst jetzt die deutsche oder bayerische Küche kennenlernte. Wiener Schnitzel, Rinderfilet oder Goldbarsch gebacken – das schmeckte mir alles richtig gut. Bei uns zu Hause gab es so etwas ja nicht, und seit wir in Deutschland lebten, gingen wir mit der Familie auch nicht mehr auswärts essen. Meine Eltern kamen mich in den drei Jahren, die ich im Wirtshaus am Roseneck arbeitete, nicht ein einziges Mal besuchen – nicht aus mangelndem Interesse, sondern weil sie Schwellenangst hatten. Sie hielten es für ein feines Restaurant, also nicht für sie geeignet.

Für mich war es nicht immer einfach, dass ich von zu Hause so gar keine Rückendeckung hatte. An einem Punkt meiner Ausbildung, irgendwann im zweiten Lehrjahr, war ich kurz davor, alles hinzuschmeißen. Der Druck wurde zu groß, und ich hatte das Gefühl, dass ich es menschlich nicht mehr packte. Ich war noch immer sehr jung, erst 15 Jahre alt. Einer der Souschefs war extrem streng, und ich verstand einfach nicht, warum. Ich hatte regelrecht Angst vor ihm, manchmal zitterte ich schon morgens auf dem Weg zur Arbeit. Er schrie oft herum und verpasste mir auch die eine oder andere Ohrfeige. Einmal sagte ein Kollege: «Jetzt höre endlich auf, so herumzuschreien. Lass' doch den Jungen in Ruhe, der macht doch seinen Job.» Die Antwort des Souschefs gab mir zu denken: «Die jungen Leute müssen doch weiterkommen, die dürfen das hier nicht als Spaß sehen. Ich bin wirklich kein Rassist, aber man muss die auch ein bisserl hart rannehmen.» Als er betonte, er sei kein Rassist, wurde ich hellhörig. Mir wurde klar, dass ich wohl immer wieder auf Ablehnung stoßen würde, nur weil ich aus der Türkei komme. Auch die anderen rissen immer mal ihre Scherze, nach dem Motto «Na, du Kümmelfresser». Und auch wenn es nur Spaß war, verletzte es mich doch und machte mir klar, dass ich immer anders sein würde als die anderen. Egal wie gut ich in meinem Job sein würde – es würde immer Menschen geben, die mich meiner Herkunft wegen ablehnen.

Es war eine schwere Zeit für mich. Ich konnte machen, was ich wollte, ich bekam immer wieder einen Anschiss vom Souschef. Dabei war ich gut und bestand die Zwischenprüfung mit Note Zwei. Trotzdem brachte er mich fast dazu, aufzugeben. Ich vereinbarte sogar schon in einem anderen Haus einen Termin für ein Vorstellungsgespräch, aber es macht natürlich keinen guten Eindruck, während der Lehre den Betrieb zu wechseln. Also sagte ich mir: Junge, jetzt hast du nur noch ein Jahr, beiß' einfach die Zähne zusammen, schau', dass du das hier durchziehst, und dann gehst du, sobald die Ausbildung beendet ist. Ich wollte nicht, dass die anderen sagen, dass wieder ein Türke es nicht packt, kaum kriegt er ein bisschen Druck. Diese Genugtuung wollte ich ihnen nicht verschaffen, dafür bin ich zu ehrgeizig. Es war wieder so wie zuvor in der Hauptschule: Der Gegenwind machte mich noch stärker, noch entschlossener, meine Ziele zu erreichen.

Aber auch in der Berufsschule tat ich mich nicht leicht. Im Kochen war ich gut, sowohl in der Theorie als auch in der Praxis, aber in den anderen Fächern nicht ganz so. Nach dem ersten Lehrjahr rief mich der Chef in sein Büro und sagte, ich müsse an meinen Noten arbeiten. Ich wusste, dass er recht hat. Es war nicht so, dass ich nicht wollte – ich ging zur Schule, schwänzte nie. Aber mein Deutsch war immer noch nicht gut genug, um alles problemlos zu verstehen. Ich hätte gerne jemanden gehabt, der mich an die Hand nimmt und mir Dinge erklärt, aber weil ich weder zu Hause noch auf der Arbeit auf Unterstützung hoffen konnte, war mir klar: Ich musste mir selbst Hilfe suchen. Ich hörte von einem Jugendtreff speziell für Lehrlinge in der Gastronomie, der von der Kirche organisiert wurde, der sogenannte Piccolo-Club. Tatsächlich fand ich dort die Lösung meiner Probleme: Ein Kollege, den ich dort kennenlernte, erzählte von einem Kurs, der durch das Arbeitsamt finanziert wurde, um Lehrlinge mit Schulproblemen zu unterstützen. Diesen Kurs besuchte ich im zweiten und dritten Lehrjahr, und das half mir sehr. Die Pädagogen dort nahmen sich viel Zeit und sprachen den Stoff mit uns so lange durch, bis wir alles verstanden. Meine Noten verbesserten sich, und ich kam auch im Unterricht leichter mit. Natürlich half mir auch die enge Zusammenarbeit mit meinen deutschen Kollegen im Gasthaus am Rosengarten. Ich entwickelte mich in den drei Jahren Lehrzeit enorm weiter, nicht nur fachlich, sondern auch sprachlich und menschlich.

Gegen Ende meiner Ausbildungszeit begann ich, zweigleisig zu fahren und half noch in einem anderen Lokal mit, um etwas Geld dazuzuverdienen. Jörg Färber, ein ehemaliger Kollege aus dem Rosengarten, machte sich selbständig und sprach mich an, ob ich nicht ab und zu einmal aushelfen könnte. Jörg war mein erklärtes Vorbild. Er hatte mehrere Jahre in der Schweiz gearbeitet, im Suvretta House in St. Moritz, einem erstklassigen Betrieb. Wenn man ihn in der Küche beobachtete, war sofort klar, dass er aus einer ganz anderen Schule kam als die übrigen Kollegen. Er arbeitete unglaublich sauber, kochte mit viel Gefühl und Finesse. Ich schaute ihm unheimlich gerne zu. Alleine schon, wie er die Produkte anfasste, den Spargel zum Beispiel, geradezu liebevoll. Er richtete die Teller auch nicht mit der Schöpfkelle an, wie wir anderen, sondern immer mit dem Löffel; bei ihm sah alles unglaublich ästhetisch aus. Immer wieder sagte ich ihm: «Jörg, du bist mein Vorbild. Ich möchte einmal so gut werden wie du.» Er lachte dann nur und sagte: «Ja, Ali, dann gib' mal Gas!» Irgendwann eröffnete er dann gemeinsam mit dem Oberkellner vom Rosengarten ein eigenes Lokal, das Wirtshaus am Herrgottseck am Auer Mühlbach, ganz in der Nähe der Isar. Ich sprang gern als Aushilfe bei Jörg ein. Da er auch anbot, mich später, nach Abschluss meiner Lehre, fest als Koch zu übernehmen, musste ich nicht lange nachdenken. Ich wusste, dass ich bei Jörg noch viel lernen konnte. Zwar kochte er in seinem Wirtshaus auch die Klassiker, aber bei ihm sahen das Ratatouille oder der Kartoffelgratin viel filigraner aus und schmeckten auch viel besser.

Es war ein strammes Programm, das ich mir da aufhalste: Meine Schicht am Rosengarten ging von 8 Uhr morgens bis 17 Uhr. Danach fuhr ich zwei- bis dreimal die Woche mit der U-Bahn zum Wirtshaus am Herrgottseck und arbeitete dort bis Mitternacht weiter. Im Rückblick war das ganz schön hart, aber ich dachte mir damals nichts dabei. Es machte Spaß, und ich lernte etwas dazu. Was hätte ich auch zu Hause tun sollen? Vor der Glotze hängen? Etwas lesen? Mir war es lieber, unter Menschen zu sein, mich weiterzuentwickeln, dazuzulernen – und natürlich auch ein bisschen Geld zu verdienen, um meine Eltern zu unterstützen. Von unserem Ausbildungsgeld mussten wir alle die Hälfte abgeben. Nachdem meine älteste Schwester mit 19 heiratete und nach Stuttgart zog, war mein Vater Alleinverdiener. Es war für uns Kinder selbstverständlich, dass wir zum Haushaltsbudget beitrugen, wir taten das gerne. Wir wohnten alle noch zu Hause und verbrachten in den ersten Jahren in München auch viel Zeit miteinander. Später, als alle in der Ausbildung waren, ging es langsam auseinander. Bald heiratete auch die zweitälteste Schwester und zog aus. Da mein älterer Bruder Elektroinstallateur wurde und der jüngere Automechaniker lernte, bewegten wir uns mehr und mehr in unterschiedlichen Welten. Wenn ich heute an diese Zeit zurückdenke, wird mir bewusst, dass ich damals nur für die Arbeit lebte. Mit dem Tanzen hörte ich schon im ersten Lehrjahr auf, dafür blieb einfach keine Zeit mehr. Wenn ich mal frei hatte, vertrieb ich mir die Zeit lieber mit Fußballspielen. Natürlich gingen wir auch mal aus und stiegen den Mädels hinterher, aber ich war in dieser Hinsicht eher ein Spätzünder. In Clubs rumzuhängen, war eigentlich nie so mein Fall. Außerdem kam dazu, dass ich meistens am Wochenende, wenn die anderen ausgingen, arbeiten musste. Meine freien Tage lagen eher unter der Woche – wenn alle anderen arbeiteten.

Als ich 17 Jahre alt war, stand im Sommer die Abschlussprüfung an. Ich fühlte mich gewappnet, die Zwischenprüfung hatte ich mit einer guten Note abgeschlossen. Jetzt brauchte ich nur noch ein bisschen Glück, denn in der praktischen Prüfung musste man zwei Gerichte kochen, und die wurden per Los bestimmt. Hoffentlich keine Blätterteigpastetchen mit Toulouser Ragout! Das war damals ein Klassiker, den wir aber nur ein einziges Mal in der Berufsschule zubereitet hatten, danach nie wieder. Handwerklich war dieses Gericht sehr anspruchsvoll – allein der Blätterteig! Aber wie es manchmal so geht im Leben: Ich zog zwei Lose und öffnete das erste. Das war okay: Seezunge «à la bonne femme», also Hausfrauenart, mit Champignonsauce und Pilawreis. Dann öffnete ich das zweite Los und traute meinen Augen nicht: Blätterteigpastetchen mit Toulouser Ragout. Glücklicherweise durften wir noch mal kurz in unsere Unterlagen sehen. Ich prägte mir die Rezepturen gut ein und nahm mir in der Küche zunächst einmal den Fisch vor.

Seezunge Hausfrauenart ist ein Gericht der klassischen Küche, bestehend aus einem pochierten und kunstvoll ineinander gedrehten Filet, dazu gibt's eine Champignonrahmsauce. Den Fisch zog ich ab und filetierte ihn, dann setzte ich aus Seezungenkarkassen einen Fischfond an, der wiederum als Basis für die Champignonsauce diente, das war schon nicht ohne. Für den Pilawreis schwitzt man zunächst die Butter an, dann kommt Gemüse dazu, Deckel drauf und das Ganze in den Ofen, nach 20 Minuten ist es fertig. Das hatte ich alles im Griff, aber die Blätterteigpastetchen schob ich vor mir her, ich traute mich einfach nicht ran. Irgendwann aber ging es nicht mehr anders, ich bereitete also zuerst einmal das Toulouser Ragout zu. Dann knetete ich den Blätterteig und rollte ihn aus, stach die Pastetchen aus, gab sie in Förmchen und backte sie im Ofen. Und die ganze Zeit über dachte ich: Oh Gott, ich falle bestimmt durch. Die Prüfer waren damals noch richtig streng, das waren andere Zeiten als heute. Aber wie durch ein Wunder klappte alles: Die Blätterteigkissen gingen schön auf, das Ragout schmeckte. Ich schlug eine schöne Hollandaise auf, richtete schließlich alles an, füllte den Blätterteig und gratinierte ihn. Plötzlich kam der Prüfer zu mir, er probierte meine Hollandaise und nahm sie mit, um damit einem anderen Lehrling unter die Arme zu greifen, der dasselbe Gericht gezogen hatte. So schlecht konnte die Soße nicht sein.

Anschließend kam noch die mündliche Prüfung; sie wollten von mir etwas über Linsengerichte erfahren. Zum Abschied schüttelte der Prüfer mir die Hand und sagte: «Glückwunsch, du hast mit einer Eins bestanden.» Das war ein tolles Gefühl! Zumal ich in der Lehrzeit echte Existenzängste hatte und immer wieder fürchtete, durchzufallen. Schließlich hatte ich nur den Hauptschulabschluss, und mein Deutsch war nicht das Beste. Und nun bekam ich von der IHK Oberbayern sogar noch ein Stipendium zur Begabtenförderung, was bedeutete, dass ich mich zehn Jahre lang im Wert von 10 000 Mark weiterbilden und Fortbildungskurse besuchen konnte. Ich war überglücklich und meine Eltern voller Stolz. Für mich stand fest, dass damit meine Zeit im Ausbildungsbetrieb endete, das Angebot aus dem Wirtshaus am Herrgottseck hatte ich ja schon vorliegen. Zwar bot man mir auch am Rosengarten eine Stelle an, aber ich lehnte ab. Den Souschef, der mich so oft verletzt hatte, ignorierte ich am Ende nur noch; ich wollte nichts mehr mit ihm zu tun haben. Auch von den anderen Kollegen war ich enttäuscht, weil sie ihn immer gewähren ließen und mich viel zu selten in Schutz nahmen. Ich bedankte mich für alles, was ich dort lernen durfte, kündigte und ging.

Leider entwickelten sich im Wirtshaus am Herrgottseck die Dinge nicht, wie geplant. Ich arbeitete gerade mal ein paar Wochen dort mit Jörg Färber, meinem großen Vorbild, da kam er von einem Tag auf den anderen nicht mehr zur Arbeit. Er hatte sich mit seinem Partner zerstritten und setzte nie wieder einen Fuß in das Gasthaus. Das war ein Ding! Wir standen plötzlich ohne Küchenchef da und das bei Hochbetrieb. Es war die Zeit der Auer Dult, dem traditionsreichen Jahrmarkt auf dem Mariahilfplatz im Münchner Stadtteil Au. Mir blieb nichts anderes übrig, als mit Hilfe von Aushilfen erst mal selbst die Leitung der Küche zu übernehmen. Irgendjemand musste ja die Verantwortung tragen, die Bestellungen entgegennehmen, die Waren einkaufen. Ich war damals noch keine 18 Jahre alt. Eine steile Karriere! Ich funktionierte einfach nur, schickte Tag für Tag Unmengen von Enten, Schnitzeln und Schweinebraten an die Tische. Irgendwann wurden dann wieder ein Küchenchef und ein Souschef eingestellt, und die Dinge normalisierten sich. Mit dem Weggang meines Förderers Jörg Färber verlor die Arbeit im Wirtshaus am Herrgottseck für mich aber allen Reiz. Ich war ehrgeizig, und ich wusste längst, dass die Arbeit auf Wirtshausniveau nicht das war, was ich auf Dauer machen wollte. Schon während der Lehre hatte ich von den Kollegen, die ich im Piccolo-Club traf, viele Geschichten aus der gehobenen Gastronomie Münchens gehört. Dort lagen auch die ersten Gourmetmagazine, die damals in Deutschland auf den Markt kamen, aus – zum Beispiel Vif Gourmet und Savoir Vivre. Ab und zu blätterte ich darin und sah dort Gerichte, von denen ich nur träumen konnte. Und ich las über berühmte Köche wie Heinz Winkler oder Eckart Witzigmann, von denen ich damals noch nie gehört hatte.

Ich fragte die Kollegen: «Wer ist denn dieser Witzigmann?» Die anderen zogen mich auf, weil ich so ahnungslos war: «Wie, du kennst Witzigmann nicht? Das ist Deutschlands bester Koch!» Aber so war das eben, ich machte meine Lehre in einem bayerischen Wirtshaus und nicht wie einige der anderen in den besten Häusern der Stadt. Nun erfuhr ich zum ersten Mal, dass es noch eine ganz andere Welt der Küche gab, als ich sie kannte. Begierig hörte ich den Geschichten zu, die sich die anderen im Piccolo-Club erzählten: Über den Österreicher Eckart Witzigmann, der im Münchner Restaurant Tantris als einer der ersten Köche in Deutschland ab 1971 den Gästen die große französische Kochkunst nahegebracht hatte, bevor er sich mit seinem eigenen Restaurant Aubergine 1978 selbständig machte und ein Jahr später als erster Küchenchef in Deutschland überhaupt drei Sterne erkochte. Und über den Südtiroler Heinz Winkler, Witzigmanns

Nachfolger im Tantris, der dort 1982 ebenfalls mit drei Sternen ausgezeichnet wurde und sich dann im oberbayerischen Aschau selbständig machte. Die Kollegen zogen mich auf: «Du musst mal in der Aubergine essen gehen!» Aber ich wusste inzwischen: Dort konnte ein einziges Gericht schon mal 100 Mark kosten – und ich verdiente gerade mal 400 Mark im Monat. Ich hätte auch gar nicht gewusst, was man da anzieht, wie man sich benimmt. Aber ich beschloss insgeheim: Eines Tages werde ich in einem solchen Restaurant arbeiten. Leider endete die Ära Witzigmann, als ich noch in der Ausbildung war. Aber ich hatte schon damals Blut geleckt. Ab und zu kaufte ich mir nach der Arbeit am Hauptbahnhof die Allgemeine Hotel- und Gaststättenzeitung. Sie war teuer, fünf oder sechs Mark kostete mich das, aber dort wurden all die Jobs in München annonciert, von denen ich damals nur träumen konnte – bei Käfer, im Königshof, im Vier Jahreszeiten oder im Bayerischen Hof.

Die Namen kannte ich auch aus der Berufsschule, wo ich mit Auszubildenden aus diesen großen Häusern in einer Klasse war. Ich empfand es schon damals als Erniedrigung, wenn die Lehrer fragten, wo man lerne und andere den Königshof oder den Bayerischen Hof nannten, während ich sagen musste: im Gasthaus am Rosengarten. Das kannte kein Mensch. Es war mir peinlich, wenn die Lehrer dann fragten: «Wo liegt das denn? Kann man da anständig essen?» Andererseits merkte ich rasch, dass ich den Lehrlingen aus den großen Häusern fachlich ebenbürtig war oder sie sogar überrundete. Denn das war der Vorteil meiner Ausbildung in einem einfacheren Haus: Ich wurde schon als Lehrling wie eine vollwertige Arbeitskraft eingesetzt und bekam viel mehr mit, als bei einem renommierten Koch, dem man nur als Handlanger zuarbeiten durfte. In der Berufsschule zeigte sich rasch, wie fit einer war, wie pragmatisch er denken konnte. Ich wusste bald: Ich hatte durch meine Ausbildung eine sehr gute Basis, aber es gab eine andere, eine viel feinere Küche, die zu meinem großen Ziel wurde. All diese Dinge gingen mir in jenen turbulenten Wochen im Wirtshaus am Herrgottseck durch den Kopf. Mir war klar: Ich will nicht länger Schweinebraten und Schnitzel braten. Jetzt ist der Moment da, um weiterzukommen. Ich begann also, intensiv die Stellenanzeigen zu studieren, und dann kam mir das Schicksal zu Hilfe. Eines Abends, als ich nach der Arbeit mit der U-Bahn nach Hause fuhr, las ich in der Nachtausgabe der Münchner Abendzeitung eine Anzeige, die mich elektrisierte: Der Sternekoch Karl Ederer suchte für sein Team einen Jungkoch. Das war genau die Chance, auf die ich gewartet hatte. Und obwohl es schon spät war, wählte ich, kaum war ich zu Hause, die Telefonnummer des Restaurants Ederer.

Biokartoffeln und Trüffel – *Erste Schritte in die geheimnisvolle Sterneküche*

Mir ist es scheißegal, ob du Türke bist, Hauptsache, Du kannst kochen.» Mit diesen denkwürdigen Worten von Karl Ederer begann meine Karriere in der gehobenen Gastronomie. Aber der Reihe nach. Ederer führte seit 1983 in München das Gasthaus Glockenbach, das nur dem Namen nach ein Gasthaus war: Mit einem Michelin-Stern und 18 Gault-&-Millau-Punkten ausgezeichnet, zählte es zu den besten und bekanntesten Restaurants der Stadt. Ich kannte es nur von außen. Noch zu meiner Lehrzeit war ich einmal mit einem Freund dort vorbeigekommen, und wir hatten neugierig die Speisekarte studiert. Die stolzen Preise hatten uns ebenso beeindruckt wie die vielen französischen Ausdrücke im Stil von «Pommes Maxime» oder «Brie de Meaux», ein französischer Weichkäse, wie ich später lernte. Ederer, der aus der Oberpfalz im Nordosten Bayerns stammte, hatte seine Karriere bei namhaften Köchen in der Schweiz und in Paris begonnen und schrieb seine Speisekarte zum Teil auf Französisch, das war damals etwas ganz Besonderes. Ich wusste auch, dass er mehrere Jahre für Eckart Witzigmann gearbeitet hatte, zuerst im Tantris, später in der Aubergine, mein Respekt war entsprechend groß. Aber mein Ehrgeiz auch, und deshalb rief ich, nachdem ich auf dem Heimweg von der Arbeit in der U-Bahn seine Stellenanzeige gelesen hatte, sofort im Gasthaus Glockenbach an.

Es war bestimmt nach 23 Uhr, aber ich dachte mir, dass in einem so bekannten Lokal bestimmt noch gearbeitet wird. Ich nahm all meinen Mut zusammen und fragte: «Kann ich mit dem Herrn Ederer sprechen?» Er kam tatsächlich ans Telefon, und ich sagte: «Mein Name ist Ali Güngörmüş, ich bin Türke und ich würde gerne bei Ihnen arbeiten.» Darauf antwortete er den anfangs zitierten Satz und fragte mich, wo ich gelernt hätte. Das war eine Frage, die ich fürchtete, weil ich ja «nur» mit einem Wirtshaus dienen konnte. Er aber sagte bloß: «Wissen Sie denn, was wir für ein Haus sind?» Das konnte ich bejahen und bekam prompt einen Termin für ein Vorstellungsgespräch. Ich war pünktlich um 11 Uhr da und unglaublich nervös. Mit gerade mal 18 Jahren war mein Selbstvertrauen nicht besonders ausgeprägt, weil ich permanent fürchtete, wegen meiner Herkunft abgelehnt zu werden. Karl Ederer, der sehr kunstbegeistert war, stand zwar schon im Lokal, aber er hatte noch einen Termin mit einem Bildhauer, mit dem er einen Stein für eine Skulptur begutachtete. Ich wurde an einen Tisch gesetzt, bekam ein Glas Wasser serviert und dann wartete ich. Aus 15 Minuten wurden 30, und noch immer diskutierte er über den Stein. Ich fand das respektlos, aber ich sagte mir: Da musst du jetzt durch. Immerhin hatte ich auf diese Art viel Zeit, mir das Restaurant anzusehen. Es war anders als alles, was ich bisher kannte: Alle Tische hatte man mit edlen, weißen Tischdecken eingedeckt, an jedem Platz lagen eine Stoffserviette und Silberbesteck. Und doch wirkte es nicht wie ein steifer Gourmettempel; das Lokal hatte sich bei allem Anspruch den Charme und die Gemütlichkeit der Münchner Vorstadtgaststätte, die es einmal war, bewahrt. An den alten Wänden hingen – auch hier zeigte sich der Patron als Ästhet – großformatige moderne Gemälde. Der Restaurantleiter, also der Mann, der die gesamte Servicemannschaft dirigiert, war ein Franzose, Michel Dupuis, der später noch eigene Restaurants in München führen sollte. Nach einer Dreiviertelstunde setzte sich Karl Ederer endlich zu mir und sagte: «Na, dann erzählen Sie mal.» Ich legte ihm meine Zeugnisse vor und betonte, ich hätte meine Abschlussprüfung mit Note Eins bestanden. Er schaute mich völlig unbeeindruckt an und erwiderte schroff: «Das ist mir scheißegal.» Er selbst habe seine Meisterprüfung mit einer Drei oder Vier bestanden, aber er sei den Prüfern, die immer nur auf die Klassiker fixiert seien, gedanklich weit voraus gewesen und deshalb interessiere er sich auch nicht für meine Noten.

Ich war ratlos, denn ich hatte ja sonst nichts vorzuweisen. Er legte eine Speisekarte auf den Tisch, und ich sah Gerichte mit klangvollen Titeln wie «Avocadosalat mit Flusskrebsen» oder «Gebratener Zander auf offenem Gemüseraviolo». Lauter Speisen, die ich noch nie gekocht hatte, zubereitet mit Edelprodukten wie Hummer oder Trüffel, die ich noch nie in der Hand gehabt hatte. Er fragte, ob ich mir das zutrauen würde. Ich nahm all meinen Mut zusammen und antwortete: «Ich habe so etwas noch nie gekocht, aber ich möchte es lernen. Und ich bin gut.» Er schaute mich kurz an, dann sagte er: «Kommen Sie, ich zeige Ihnen die Küche.» Er führte mich durch die Küche, die über zwei Ebenen ging: Oben waren die Kalte Küche und die Pâtisserie, unten Soßen, Fisch und Entremetier. Die ersten Gäste saßen mittlerweile schon im Restaurant und ein Koch bereitete eine Vorspeise zu, Linsensuppe mit Gänseleber. Ederer blieb stehen und herrschte den Koch an: «Was soll das sein?» Das sei die Vorspeise, stammelte der Koch, aber er konnte nicht mal ausreden, da wurde der Chef schon laut. Das kann ja heiter werden, dachte ich bei mir, schon wieder so ein Choleriker. Aber egal, ich war wild entschlossen, den Job zu machen. Ich sagte Karl Ederer auf der Stelle zu, aber er meinte, ich solle erst mal nach Hause gehen und mir das Ganze in Ruhe überlegen. Also rief ich ihn am nächsten Tag wieder an und bestätigte ihm: «Ich mache das.» Ich war überglücklich: mein erster Job in einem Sternerestaurant! Im Wirtshaus am Herrgottseck kündigte ich gleich am nächsten Tag. Die Kollegen dort lachten mich aus: «Du und so ein nobler Schuppen? Du hast doch nur in einem Wirtshaus gelernt, die schmeißen dich gleich wieder raus!» Ich dachte: Das werden wir ja sehen.

Um neun Uhr morgens, an einem Dienstag im Februar 1995, sollte ich meinen neuen Job antreten. Mit meinem Messerkoffer, meinen Schürzen und Kochhosen stand ich schon um 8 Uhr 20 vor der Tür. Das habe ich von meinem Vater, der in mancher Hinsicht deutscher ist als die Deutschen. Er schärfte uns Kindern immer wieder ein: Lieber zehn Minuten zu früh da sein als eine Minute zu spät. Nun aber stand ich vor verschlossener Tür, erst kurz vor neun kam ein Koch und sagte: «Ach, Du bist wohl der Neue?» An diesem ersten Tag kochte ich mit einer Kollegin, die mir alles zeigte, gemeinsam auf dem Beilagenposten, dem Entremetier. Kartoffeln kochen, Zuckerschoten blanchieren oder Spinat zubereiten – das beherrschte ich alles aus dem Effeff. Und doch wurde in dieser Küche einiges anders gemacht, als ich es bisher kannte: In der Lehre hatten wir Blattspinat blanchiert und anschließend in brauner Butter angeschwitzt. Hier wurden Schalotten und Knoblauch in Butter angeschwitzt, der Spinat wurde dann nur ein wenig darin geschwenkt. Nach zwei Tagen machte ich den Entremetierposten schon alleine. Mir fiel gleich auf, dass hier mit viel besseren Grundprodukten gearbeitet wurde als in den Wirtshausküchen, die bisher meine Welt waren. Gemüse wurde grundsätzlich so naturbelassen wie möglich serviert. Karotten wurden nur mit etwas Butter, Salz und Zucker im Ofen geschmort, auch Blumenkohl garte im Ganzen im Ofen.

Das Besondere im Glockenbach war, dass wir fast alles «à la minute» zubereiteten, die Gerichte also nicht vorgefertigt, sondern so frisch wie irgend möglich auf den Tisch kamen. «À la minute ist unsere Stärke», sagte Karl Ederer immer. Das bedeutete natürlich einen enormen Druck, wenn die Bestellungen hereinkamen, weil wir nur wenig vorbereiten konnten. Für eine Erbsensuppe zum Beispiel durften wir nicht einmal die Grundsuppe im Voraus ansetzen, nur die Erbsen wurden schon vorab gepult. Wenn dann die Bestellung in die Küche kam, hieß es: Schalotten und Butter anschwitzen, Erbsen hinzugeben, Petersilie in den Topf, mit Portwein ablöschen, runter reduzieren, Sahne dazugeben, mit etwas Brühe aufgießen. Und dann mit dem Stabmixer mixen, mixen, mixen, einschenken und so schnell wie möglich servieren. Es war der pure Stress in der Küche, aber es schmeckte schon sehr lecker, das motivierte mich mächtig. In der ersten Woche hatte ich eine Heidenangst, nicht mithalten zu können. Die Umstellung von der Küche im Wirtshaus am Herrgottseck war riesig. Ich fürchtete ständig, der Chef würde sagen, ich bräuchte am nächsten Tag nicht mehr wiederzukommen. Doch am Wochenende war ich immer noch da. Sonntag und Montag blieb das Restaurant geschlossen, und als ich am Dienstag in der Früh wieder in der Küche stand und Karotten putzte, kam der Chef vorbei und sagte ganz beiläufig: «Ali, jetzt bist Du eine Woche da. Und ich muss sagen, Du machst das schon sehr gut.» Ich schaute meine Kollegin an, sie zwinkerte mir zu, und ich dachte: «Boah, was für ein tolles Gefühl!» Von da an konnte ich viel besser arbeiten, weil ich mir selbst sicherer war.

Der Chef hatte vom Großmarkt Artischocken mitgebracht und fragte mich, ob ich schon mal eine Artischocke verarbeitet hätte. Ich gab zu, dass ich noch nie eine Artischocke gesehen oder gegessen, geschweige denn verarbeitet hätte. «Ja, dann komm her», sagte er, «ich zeige dir, wie das geht.» Ederer war ganz verrückt nach Artischocken, im Sommer, während der Saison, hätte er sie am liebsten an jedes Gericht gegeben. Er zeigte mir also selbst, wie man eine Artischocke putzt. Warum er sich so ungewöhnlich viel Zeit genommen hatte, wusste ich zwei Tage später: Es kamen 70 Kisten Artischocken, die er zu einem Spezialpreis gekauft hatte, und er sagte nur: «Hier, Ali, jetzt weißt Du ja, wie es geht.» Artischocken waren damals in Deutschland noch eher selten zu bekommen, und Karl Ederer schrieb in seiner Begeisterung gleich eine ganze Artischockenkarte: Artischocke im Ganzen mit Estragonvinaigrette, Artischockenboden gefüllt mit pochiertem Ei, Artischockensalat – ich glaube, es waren insgesamt zehn oder zwölf verschiedene Zubereitungen. Und für die musste nun alles geputzt werden. Was für ein Glück, dass mir die Kollegen zu Hilfe kamen!

So war das im Glockenbach: Die Speisekarte schrieb der Chef manchmal jeden Tag neu, je nachdem, welche Produkte er auf dem Markt frisch bekommen hatte. Wenn du ein Produkt oder eine Zubereitung nicht kanntest und danach fragtest, dann sagte er meistens nur: «Wir sind doch hier nicht in der Volkshochschule.» Oder: «Ein bisserl müsst Ihr Euch schon selbst bemühen.» Wenn du etwas nicht wusstest, war das dein Problem. Einmal warf er mich buchstäblich ins kalte Wasser: «Ali, ich muss jetzt schnell weg», rief er mir zu, «bitte, den Oktopus kochen!» Wobei das Wort «bitte» in seinem Wortschatz eigentlich nicht vorkam, bei ihm hieß das bloß: «Oktopus kochen!» Das Problem war nur: Ich hatte keine Ahnung, wie das geht. Gab man Salz mit in den Topf? Gewürze? Und wie lange musste das Tier kochen? Ich fragte die Kollegen, bekam knappe Antworten und ging an dem Tag nicht in die Pause. Ich wich meinem Oktopus nicht von der Seite, um bloß nicht den Zeitpunkt zu verpassen, an dem er so war, wie er sein sollte: butterzart. Irgendwie gelang mir das, ohne einen Anschiss zu bekommen, seither kann mir in Sachen Oktopus niemand mehr etwas vormachen.

Aber all das nahm ich in Kauf, weil ich hier die tollsten Lebensmittel kennenlernte. Alleine das Wild – Reh, Fasane, Wildhasen. Vieles wurde im Ganzen angeliefert, noch mit Fell, das mussten wir dann «aus der Decke schlagen», wie es im Fachjargon heißt. Vieles kam direkt aus Frankreich, zum Beispiel das Geflügel von Miéral, dem Kultzüchter aus der Bresse, an den Hühnern waren noch Kopf und Krallen dran. Das war eine phantastische Schule. Bei Ederer sah ich auch zum ersten Mal in meinem Leben Trüffel; ich erinnere mich noch genau, wie der Trüffelhändler mit seiner duftenden Ware in der Küche stand, da machte ich große Augen! Und natürlich das Thema Fisch: Ob das Seezunge aus der Bretagne war oder Zander aus heimischen Gewässern, ob Hummer, Jakobsmuscheln, Sepia, wilde Garnelen oder frische Flusskrebse – Ederer ließ nur allererste Ware in die Küche und machte keine Kompromisse. Vieles bezog er über Rungis Express, einen deutschen Großhändler für die Gastronomie, der seine Ware direkt auf dem Pariser Großmarkt Rungis einkaufte. Außerdem gab es noch Pasquale, einen italienischen Fischhändler, der schon Witzigmann beliefert hatte. Er fuhr selbst nach Italien auf die Fischmärkte und verkaufte die Sachen dann in Deutschland weiter. Oft rief er den Chef frühmorgens an und erzählte ihm, was er im Angebot hatte. Und der sagte nur: «Schick's mir.» Ederer war auf einem Bauernhof am Rand des Bayerischen Walds aufgewachsen, seine Nähe zu den Lebensmitteln und sein Netzwerk von Händlern war sein großes Kapital. Einmal, am Aschermittwoch, kam eine Riesenlieferung Zackenbarsch, die zerlegte der Chef höchstpersönlich, so schnell konnte man gar nicht gucken. Damals sah ich auch zum ersten Mal Glasaale, eine sündhaft teure und seltene Delikatesse. Ederer erhitzte Olivenöl, gab geschälten Knoblauch dazu und ließ die Glasaale in einer Porzellanschüssel nur ganz kurz darin ziehen, fertig.

Für solche Eindrücke lohnte sich die Arbeit im Glockenbach, und es war harte Arbeit – wir standen bis zu 12 oder 13 Stunden am Tag in der Küche. Im Prinzip wusste man: Wer einen Job in einem hoch ausgezeichneten Restaurant annimmt, der arbeitet viel und verdient wenig. Aber man lernte dabei viel. Karl Ederer hatte das schon beim Vorstellungsgespräch klargestellt: «Sie werden nicht das verdienen, was Sie vorher bekommen haben». Ich antwortete: «Ich bin nicht wegen des Geldes hier.» Und das meinte ich wirklich so. Ich verdiente immerhin 500 Mark weniger als vorher, aber das war mir in diesem Moment nicht wichtig. Ich wohnte noch bei meinen Eltern, ich hatte kein Auto, ich kam damit klar.

Ich übernahm dann im Glockenbach relativ schnell Verantwortung. Vom Entremetier kam ich auf den Fleischposten, und es dauerte nicht lange, da war ich schon einer der Altgedienten und musste immer wieder neue Kollegen anlernen. Ich schrieb Bestellungen an unsere Lieferanten, achtete auf die Hygiene in der Küche und kümmerte mich um die jungen Mitarbeiter, kurz: Ich hielt Karl Ederer den Rücken frei. Es gab viele Wechsel in seiner Brigade, aber ich kam eigentlich immer mit ihm aus. Wenn du gut warst, ließ er dich in Ruhe arbeiten. Aber wenn du dich in der Küche nicht so geschickt anstelltest und es nicht so lief, wie er sich das vorstellte, konnte er schon sehr ungemütlich werden und regelrecht ausrasten. Er war launisch, manchmal auch cholerisch, es gab viel Unruhe in der Küche. Köche kamen, wurden eingearbeitet und waren ein oder zwei Monate später schon wieder weg. Das war belastend für die ganze Mannschaft.

Man musste bei Karl Ederer improvisieren können. Eines Tages sagte er: «Ali, am Dienstag kommt ein neuer Kollege für den Entremetierposten, dann gehst Du nach vorne und machst den Saucier.» Ich kam also am Dienstag schon früh in die Küche, um meine Soßen anzusetzen, machte die Tür zum Kühlraum für Gemüse auf und staunte nicht schlecht: Da lag plötzlich ein ganzes Wildschwein. Mir war sofort klar: Das muss dringend da raus, aus der Decke geschlagen und zerlegt werden. Aber ich hatte alleine nicht die Kraft, das riesige Tier aus dem Kühlhaus rauszuziehen – noch dazu bin ich Moslem und möchte einem Schwein eigentlich gar nicht zu nahe kommen! Ich musste also warten, bis die Kollegen zur Arbeit kamen und mir halfen, das Tier da herauszuwuchten. Der Chef hatte schlichtweg vergessen, uns Bescheid zu geben; für solche Überraschungen war er immer gut.

Staunen konnte ich auch, wie viele prominente Gäste das Glockenbach anzog, das machte die Sache für uns Mitarbeiter natürlich besonders spannend. Ederer hatte im Restaurant ein Séparée, da saß er oft mit befreundeten Künstlern oder Schauspielern. Konstantin Wecker war Stammgast, auch Iris Berben kam regelmäßig mit ihrem damaligen Lebensgefährten Gabriel Levy, selbst ein Gastronom. Oder es stand plötzlich Boris Becker mit seiner damaligen Frau Barbara an der Bar, und wir durften ihm Fingerfood servieren. Das war für mich mit meinen noch nicht mal 20 Jahren schon eine große Sache, solch berühmten Persönlichkeiten, die ich nur aus der Zeitung oder dem Fernsehen kannte, so nahezukommen. Unvergesslich auch der Tag, als es plötzlich hieß: Eckart Witzigmann steht an der Bar und trinkt Champagner. Wir Köche waren alle ganz aufgeregt und riskierten den einen oder anderen Blick durch die Küchentür. Für uns war Witzigmann damals eine Art Guru, ein ganz großes Vorbild; ich hatte ihn noch nie leibhaftig gesehen. Ederer sagte: «Ali, komm, ich stelle dich Herrn Witzigmann vor.» Ich schüttelte dem großen Meister die Hand und war ganz ergriffen. Das waren Erlebnisse, von denen man zehren konnte, wenn morgens um sieben Uhr der Wecker klingelte und man mal wieder bis weit nach Mitternacht in der Küche gestanden hatte.

München war damals, Mitte der 1990er Jahre, die führende kulinarische Metropole in Deutschland. Eine Stadt, die – viel mehr als Berlin, Hamburg oder Frankfurt – dem Genuss zugewandt war, wo der samstägliche Einkaufsbummel über den Viktualienmarkt zum Lebensgefühl zählte. Hier konnte man unter Kastanien zum Schweinsbraten ein Weißbier trinken, aber auch Gänseleber, französischen Käse oder in der Saison Pilze und Wild aus bayerischen Wäldern einkaufen. In München waren mit Dallmayr und Käfer die führenden Delikatessenhändler zu Hause, und seit Eckart Witzigmann in der Aubergine als erster Koch in Deutschland drei Michelin-Sterne erkochte, hatten sich in seinem Fahrwasser etliche bundesweit beeindruckende Restaurants etabliert, allen voran das Tantris, Otto Kochs Le Gourmet und der Königshof sowie Mario Gambas Acquarello, der Society-Italiener in Deutschland.

In dieser Stadt und noch dazu in einem Restaurant wie dem Glockenbach zu arbeiten, war für einen jungen Koch wie mich damals schon etwas ganz Besonderes. Aber es war nicht nur rein körperlich sehr fordernd; auch der psychische Druck, den der Chef ausübte, war groß. Es kam eine Zeit, in der ich das Gefühl hatte, das alles nicht mehr zu schaffen. Einmal schiss mich Karl Ederer regelrecht zusammen, vor der versammelten Küchenmannschaft. Er hatte Gäste im Séparée, und ich sollte ein gefülltes Zicklein im Ofen zubereiten. Ich hatte das vorher noch nie gemacht, er hatte mir nicht gezeigt, wie es geht, und es kam, wie es kommen musste: Die Füllung geriet zu pampig, es schmeckte nicht. Er wurde wütend und schrie in der Küche herum: «Ihr seid ja zu allem zu blöd, nichts kann man Euch machen lassen.» In solchen Situationen konnte dann schon mal eine Kelle oder ein Topf durch die Luft fliegen. Mich hat so etwas immer sehr mitgenommen, ich konnte das nicht einfach so wegstecken. Ich ärgerte mich selbst, dass mir das Zicklein misslungen war, aber gleichzeitig war ich wütend auf ihn, weil er mich damit alleine gelassen hatte. Solche Erlebnisse waren einfach nur frustrierend, vor allem, wenn man 12 oder 13 Stunden am Tag für ihn in der Küche stand. Ein paar Wochen später hatte ich eine richtige Krise, ich fühlte mich körperlich und seelisch nur noch müde und ausgelaugt, vollkommen leer. Morgens schaffte ich es kaum, aufzustehen. Ich drehte mich im Bett auf die andere Seite und dachte mir: Heute gehst du nicht zur Arbeit. Aber dann meldete sich natürlich gleich wieder das schlechte Gewissen, weil ich die Kollegen nicht im Stich lassen wollte. Und ich wollte nicht «der Türke» sein, der es nicht schafft. Also raffte ich mich Tag für Tag wieder auf und ging zur Arbeit.

Nachdem ich schon bald ein Jahr da war und viele Kollegen hatte kommen und gehen sehen, fasste ich mir ein Herz und sprach Ederer auf eine Gehaltserhöhung an. Als ich sagte, ich wolle mit ihm reden, konnte ich seinem Gesicht ansehen, dass er dachte, ich wolle nun auch kündigen. Dann fragte er, was ich denn bisher verdiene. Ich sagte: «1500 Mark netto.» Am Ende gab er mir 100 Mark mehr, das war nicht gerade berauschend, aber ich nahm es als Geste des guten Willens. Insgesamt war ich fast zwei Jahre im Glockenbach; weit länger, als die meisten anderen durchhielten. Im Grunde mochte ich Ederer, und im Prinzip verstanden wir uns gut. Er ließ mich auch meist in Ruhe und wusste, dass ich loyal und ein engagierter Arbeiter bin. Klar, zwei-, dreimal bekam ich auch mein Fett ab … Aber mittlerweile wusste ich, wie er tickt und konnte ganz gut damit umgehen.

Ederer sagte immer: «Ich will Kunst auf dem Teller haben.» Es war nur nicht jedem klar, was er damit meinte. Einmal hatten wir einen neuen Koch, der vorher in einem anderen Sternerestaurant gearbeitet hatte.

Er richtete einen Teller an und stach den Muskatkürbis, der als Beilage vorgesehen war, rund aus, um ihn dann auf dem Teller kunstvoll aufzufächern, das war so übliche alte Schule. Er gab sich dabei viel Mühe, aber dann kam Ederer und schimpfte: «So einen Scheiß will ich hier nicht haben! Alles kommt so auf den Teller, wie es ist, in seiner natürlichen Form.» Damit hat er dem Neuen komplett die Motivation genommen, er fragte: «Herr Ederer, was möchten Sie eigentlich? Was soll ich tun?» Und Ederer wiederholte: «Lassen Sie das Gemüse in seiner ursprünglichen Struktur und Form. Ich will Kunst auf dem Teller haben, kein Schickimicki.» Was er meinte, war, dass er den Lebensmitteln ihren ursprünglichen Geschmack und ihre natürliche Form belassen und sie nicht verfremden wollte. Der Originalgeschmack durfte höchstens durch andere Aromen unterstrichen werden. Man sollte das Produkt noch erkennen und wissen, was man vor sich hat. Eine Karotte musste eine Karotte bleiben. Man hätte sie auch zu einem Püree verarbeiten können und damit Schnörkel auf den Teller spritzen, aber das war nicht sein Stil. Wir schmorten die Karotte einfach, um ihren Eigengeschmack bestmöglich herauszubringen und sie dann ganz ungekünstelt zu servieren. «Intelligent kochen», so beschrieb er es einmal, «bedeutet für mich: einkaufen, was die Jahreszeit und die Region uns bieten und diese Produkte rein, gesund und verträglich zubereiten.»

Artischockensuppe mit Minzpesto

Obwohl Artischocken in der Ägäis-Küche eine wichtige Rolle spielen, kannte ich sie in meiner Kindheit nicht – bei uns im Hochland war es zu kalt für die Pflanzen. Entdeckt habe ich sie erst bei Karl Ederer in meiner Zeit im Gasthaus Glockenbach. Er war ein großer Artischockenfan und führte mich in ihre Zubereitung ein. Heute stehen sie oft auf meiner Speisekarte, aus zwei Gründen: Sie sind sehr gesund und bieten einem Koch viele kreative Möglichkeiten.

Suppe
1 Zwiebel
5 Artischocken (geputzt)
3 EL Olivenöl
300 ml Gemüsebrühe
1 Prise Dukka
1 Prise Ras el-Hanout
3 EL Crème fraîche
250 g Butter
1 Zitrone
Salz, Pfeffer, Zucker

Minzpesto
40 g Pinienkerne
1 Bund Minze
50 ml Olivenöl
50 ml Rapsöl
40 g Parmesan
Salz, Zucker

Die Zwiebel schälen, in grobe Würfel schneiden und mit den geputzten Artischocken in ganz wenig Olivenöl anschwitzen. Wenn die Zwiebeln glasig sind, mit der Gemüsebrühe ablöschen und 20 Minuten köcheln lassen.

Währenddessen braune Butter herstellen: Die Butter in einen Topf geben und bei mittlerer Temperatur zerlassen. Die Butter beginnt zu schäumen, weil das darin enthaltene Wasser verdampft. Wenn der Schaum sich (nach 8–10 Minuten) bräunlich färbt und braune Feststoffe hochsteigen, die Butter in ein mit einem Blatt Küchenpapier ausgelegten Sieb oder durch einen Kaffeefilter aus Papier gießen.

Nun Dukka und Ras el-Hanout zur Suppe geben und alles mit dem Stabmixer fein pürieren. Die Suppe durch ein Sieb streichen. Crème fraîche, braune Butter und das restliche Olivenöl zufügen und mit dem Stabmixer glatt pürieren.

Die Zitrone auspressen. Die Suppe mit Salz, Pfeffer, Zucker und Zitronensaft abschmecken.

Für das Minzpesto die Pinienkerne in einer heißen Pfanne ohne Fett kurz anrösten und abkühlen lassen. Die Minzblätter von den Stängeln abzupfen. Alle Zutaten, außer Salz und Zucker, in einem Mörser oder im Mixer zerkleinern, bis eine cremige Masse entsteht. Mit Salz und Pfeffer abschmecken.

Vor dem Servieren ein paar Tupfer von dem Pesto auf die fertige Suppe geben.

Ederer war ein Produktfanatiker. Geld spielte dabei für ihn keine Rolle, er wollte einfach nur mit guten Produkten arbeiten. Das fand ich toll. Und er zählte zu den ersten Köchen in Deutschland, die in der gehobenen Gastronomie nicht nur auf französische Edelprodukte setzten, sondern auch den Wert regionaler Lebensmittel wieder schätzen lernten und sie ihren Gästen nahebrachten. Das konnte eine mit Gemüse gelierte Kalbszunge auf Lauch sein, ein Panaché von Renke, Saibling und Hecht in Brennnesselsauce, eine gekochte Lende vom Angusrind auf saurem Kartoffelgemüse oder ein mit Kitzinnereien veredelter Salat. Und als heimatlich verwurzeltes Dessert gab's Erdbeerravioli mit Rhabarbersauce. Auch auf Bioqualität setzte Ederer schon, als die Bewegung in Deutschland noch in ihren Anfängen steckte. Er kaufte zum Beispiel immer Biokartoffeln. Am nächsten Tag wurden dann die Reste im Personalessen verwertet, so hatten wir auch etwas davon. Die Kartoffeln waren ausgezeichnet, so etwas hatte ich noch nie vorher gegessen, nicht einmal in Pageou. Oder auch der Aufschnitt, den wir zum Frühstück bekamen. Wie das schmeckte! Und aufs Brot schmierten wir Biobutter, oh Gott, war das lecker. Er konnte sich das damals alles erlauben, denn das Restaurant lief gut. Insgesamt muss ich sagen, dass ich von der Zeit mit ihm sehr profitiert habe. Er war nicht nur ein richtig guter Koch; auch sein Kunstverständnis und seine Nähe zu bekannten Persönlichkeiten eröffneten mir eine ganz neue Welt.

Trotz allem war ich irgendwann reif für eine neue Erfahrung. Ich konnte bei Karl Ederer nicht mehr viel Neues lernen, ich kannte die Gerichte im Schlaf und wusste: Wenn ich weiterkommen will, brauche ich neue Eindrücke. Der Auslöser, um aktiv zu werden, war der Anruf eines ehemaligen Kollegen, den ich im Glockenbach kennengelernt hatte und der inzwischen in einem anderen Haus Küchenchef war. Er wollte mich abwerben und bot mir 3000 Mark netto an, das war fast das Doppelte dessen, was ich bisher verdiente. Ich lehnte ab, aber die Sache brachte mich zum Nachdenken: Wenn mein Marktwert jetzt schon so hoch lag, dann könnte ich ihn noch verbessern, indem ich Erfahrungen in einem anderen Sternerestaurant sammelte. Unter den Kollegen wurde viel vom damals schon legendären Tantris gesprochen, das als Vorreiter der gehobenen Küche in Deutschland gerühmt wurde und in dem nach Eckart Witzigmann und Heinz Winkler nun ein weiterer namhafter Küchenchef am Herd stand: Hans Haas. Langsam reifte in mir ein Entschluss: Das Tantris war für mich die ideale nächste Station.

Ich ging also zu Herrn Ederer und bat ihn um ein Gespräch. Er verstand gleich, was mir am Herzen lag und vertröstete mich erst einmal: «Jetzt habe ich zu tun, wir machen das die Tage.» So ging das ein paarmal hin und her, bis ich genug hatte und mich aufraffte: «Herr Ederer, ich muss Ihnen jetzt etwas sagen.» Ich schilderte ihm, wie es in mir aussah, erklärte ihm, ich würde mich gerne weiterentwickeln. Er probierte es mit Ironie: «Jetzt hast du gerade gelernt zu kochen und willst schon wieder gehen?» Ich sagte: «Herr Ederer, ich möchte gerne ins Tantris.» Er schaute mich an, dann drehte er sich um und ging ins Restaurant, um ein paar Gäste zu verabschieden. Als er zurückkam, stand ich immer noch da. Ich fragte, wie ich das anstellen könnte mit dem Tantris, ob ich eine Bewerbung schreiben solle. Er winkte ab: «Nein, nein, lass' mal. Ich mache das schon für dich. Ich rufe den Hans an.» Das fand ich sehr nobel von ihm. So war er eben, er konnte auch richtig nett sein. Ich wusste, er hält Wort und drängte ihn nicht weiter. Es hat dann noch ein, zwei Monate gedauert, aber eines Tages sagte er zu mir: «Ali, Sie sollen sich mal beim Hans melden, er weiß Bescheid.»

Ich stellte mich bei Hans Haas vor, und wir wurden uns rasch einig. Er war kein Mann der großen Worte und bekannt dafür, dass Bewerbungsgespräche bei ihm nie länger als fünf Minuten dauerten. Nur finanziell musste ich in den sauren Apfel beißen: Im Glockenbach verdiente ich 1700 Mark, im Tantris boten sie mir nur 1600 Mark an. So war das eben, und so ist es oft heute noch: In einem Sternerestaurant verdienst du weniger als in einem Gasthaus, im Zwei-Sterne-Restaurant noch weniger und im Drei-Sterne-Restaurant am wenigsten. Viel Ruhm und Ehre, wenig Geld. So funktioniert das System. Wenn du im Tantris gearbeitet hast, so die Idee, kannst du hinterher überall arbeiten, es ist eine Investition in die Zukunft.

Hans Haas war sehr kollegial und meinte, ich solle mit Karl Ederer klären, ab wann er auf mich verzichten könne, erst dann solle ich im Tantris anfangen. Es dauerte noch etwa acht Wochen, dann gab es im Glockenbach einen Ersatz für mich, und ich war frei, meinen eigenen Weg weiterzugehen: Im Oktober 1997 konnte ich im Tantris anfangen.

Ich habe es Karl Ederer hoch angerechnet, dass er mir damals den Weg ebnete. Heute sind wir längst Freunde. Jahre später, als ich mich in Hamburg selbständig machte, besuchte er mich dort. Er streckte die Hand aus und sagte: «Ich bin der Karl, nicht mehr der Herr Ederer». Da wusste ich: Jetzt hat er dich akzeptiert. Das war ein schönes Gefühl.

Champagnersauce und Kaviar – *16-Stunden-Tage im Tempel des deutschen Küchenwunders*

Das Tantris ist nicht irgendein Sternerestaurant, es ist eine Legende, berühmt in ganz Deutschland. Als ich am 1. Oktober 1996, meinem ersten Arbeitstag, auf das große Gebäude in der Schwabinger Johann-Fichte-Straße zusteuerte, war mir schon sehr mulmig zumute, ich zitterte fast vor Aufregung. Alleine schon die Architektur: Vor dem Eingang stehen die Skulpturen von vier asiatischen Fabelwesen, aus Beton gegossen. Wer das Restaurant zum ersten Mal betritt, dem verschlägt es beim Anblick der poppigen 1970er-Jahre-Ausstattung fast die Sprache: Das Entree wirkt mit acht Metern Höhe wie ein Kirchenschiff, Hummerrot und Trüffelschwarz sind bis heute die dominierenden Farben, selbst die Decke ist mit flauschigem, orangefarbenem Teppich ausgekleidet. Seit 2012 steht es übrigens unter Denkmalschutz, als einziges Gourmetrestaurant in Deutschland. Doch noch viel mehr als solche Äußerlichkeiten flößte mir die Aura des Hauses Respekt ein: Das Tantris hat deutsche Küchengeschichte geschrieben, es ist eine Institution. Hierher ging man damals zum Essen wie ins Theater oder in die Oper. Der Münchner Bauunternehmer Fritz Eichbauer eröffnete es 1971, weil er, wie er selbst einmal sagte, keine Lust mehr hatte, Hunderte von Kilometern nach Frankreich zu fahren, um gut zu essen.

Hans Haas war – nach Eckart Witzigmann und Heinz Winkler – erst der dritte Küchenchef des Tantris. Seit 1991 leitete er die Küche und war mit zwei Michelin-Sternen und 19 Gault-&-Millau-Punkten von den beiden wichtigsten deutschen Gourmetführern sehr hoch ausgezeichnet. Er ist Österreicher wie Witzigmann, kommt aus der Wildschönau in Tirol, ein ruhiger, bedächtiger Mann mit einem großen Herzen und einer eisernen Disziplin. Vom ersten Moment an war mir klar: «Junge, das wird hier noch mal ein Stück härter für dich.» Alles, was ich bis dahin gelernt hatte, war gut und schön, aber das Tantris war eine andere Dimension. Ich sagte mir: Jetzt spielst du nicht mehr in der Bundesliga, sondern in der Champions League.

Um acht Uhr früh standen alle 14 Köche umgezogen in der Küche, bereit für den neuen Tag. Die zu verarbeitende Ware lag schon bereit, erntefrisches Gemüse kam direkt vom Münchner Großmarkt. Jeder wusste genau, was er zu tun hatte, und machte sich gleich an die Arbeit, dabei wurde nur das Nötigste gesprochen, es herrschte enorme Konzentration in der Küche. Ich wusste: Jetzt musst du richtig Gas geben. Ich erinnere mich noch ganz genau an die ersten Teller, die ich am Pass sah, bevor sie an den Tisch geschickt wurden, da dachte ich nur: «Wow!» Sie waren unglaublich akribisch angerichtet, mit kleinen Salatarrangements oder dreierlei Soßen, so etwas kannte ich bis dahin nicht. Ich war zunächst auf dem Beilagenposten, dem Entremetier eingeteilt, drei Tage lang wurde ich eingearbeitet. Womit ich nicht gerechnet hatte: Hans Haas probierte höchstpersönlich alles, was ich machte. Alles. Wenn ich Cremespinat püriert hatte, kam er, bevor ich die Teller anrichten konnte und steckte den Löffel hinein. Ich kochte Nudeln für ein Gericht mit Trüffeln, bevor sie auf den Teller kamen, prüfte er. Ich blanchierte Gemüse, er kostete davon. Jedes Detail wurde in seiner Küche sehr ernst genommen. Das verstand ich natürlich, er kannte mich ja noch nicht, konnte nicht einschätzen, wie ich arbeite und abschmecke. Andererseits irritierte es mich aber auch; ich war schließlich kein blutiger Anfänger mehr, war ehrgeizig und wusste, dass ich sicher und konstant abschmecken kann. Aber er verließ sich nur auf seinen eigenen Eindruck. Manchmal sagte er, es fehle noch eine Prise Salz oder Zucker, aber meistens sagte er gar nichts, was mich noch mehr irritierte.

Ich verstand: Hier konnte ich nicht frei Schnauze kochen, sondern musste mich ins Glied einfügen. Hier kam es nicht in Frage zu tricksen, hier musste alles perfekt auf den Punkt sein. Ich nahm mir vor, ab sofort für alles die Erlaubnis vom Chef zu holen oder zumindest von seinem Souschef Thomas Kellermann. Im Tantris wurde viel feiner gekocht, als ich es vom Glockenbach her kannte. Hier wurden nicht einfach eine Scheibe Gänseleber auf den Teller gelegt und dazu ein paar Salatblätter als Dekoration. Nein, hier war es eine pochierte Gänseleber mit Ei, Topinamburpüree und Trüffeljus. Um bei dieser hohen Schlagzahl mithalten zu können, kam ich in der ersten Zeit dienstags, wenn die neue Woche begann, schon um halb sieben Uhr morgens zur Arbeit; so hatte ich einen zeitlichen Vorsprung, bevor die anderen Köche um acht Uhr antraten. Als Entremetier konnte ich so schon den Nudelteig vorbereiten, die Kartoffeln für das Püree ansetzen, die Tomaten für die Consommé häuten. Ich wollte zeigen, dass ich diszipliniert und engagiert war. Was die Sache auch nicht einfacher machte: Das Tantris ist für ein Gourmetlokal sehr groß. Die meisten Restaurants, die mit solchem Anspruch kochen, haben höchstens 30 bis 40 Sitzplätze. Das Tantris aber hatte damals 120 Sitzplätze, und es war abends oft rappelvoll. Da wurden ganz andere Mengen benötigt. Wenn wir Ofentomaten zubereiteten, waren das nicht nur zwei Bleche, sondern gleich acht oder zehn Bleche. Da hattest du Stunden zu tun!

Das Tantris galt schon damals als Kaderschmiede der Köche. Ich war mit meinen 20 Jahren der Jüngste im Team und bewunderte, wie kreativ einige der anderen waren, wie viele eigene Ideen sie in die Speisekarte einbrachten. Von den Kollegen, mit denen ich dort zusammenarbeitete, machten sich später etliche einen bekannten Namen: Thomas Kellermann, der lange Souschef war, erkochte sich seine eigenen zwei Sterne, Martin Fauster leitete seit 2004 das Gourmetrestaurant des Münchner Hotels Königshof mit Bravour, und Volker Drkosch wurde erst in Frankfurt, dann in Düsseldorf erfolgreich. Und der langjährige Tantris-Pâtissier Stephan Franz machte sich mit einer Schokoladen- und Pralinenmanufaktur selbständig. Ich hatte vor den Kollegen großen Respekt und sagte mir immer wieder: Ich bin nicht so gut wie die, aber ich möchte es einmal werden. Also hielt ich den Ball flach und versuchte, mir so viel wie möglich von den anderen abzuschauen. Nach ein paar Wochen hatte ich das Gefühl, dass sie mich akzeptiert hatten, es wurde nicht mehr alles probiert, was ich machte, und manchmal fanden meine Ideen auch Gehör. Es gab eine große Speisekarte mit À-la-carte-Gerichten und dazu fast täglich nach Marktlage wechselnde Mittags- und Abendmenüs. Diese Karten schrieb Hans Haas jeden Tag selbst von Hand, das war sehr persönlich, und das macht er übrigens bis heute so. Von uns Köchen verlangte das sehr viel Flexibilität, weil wir ja morgens noch nicht wissen konnten, was er auf die Mittags- und Abendkarte schreiben würde. Topinambur als Beilage, Frühlingslauch oder Spinat? Oft hatte ich schon etwas vorbereitet, in der Hoffnung, dass er es auf die Karte übernahm. Manchmal klappte es, manchmal nicht. Wenn er zum Beispiel frischen Loup de mer bekommen hatte und ich ihm Topinambur anbot, schüttelte er den Kopf: «Das passt nicht. Lass' uns lieber Kürbisgnocchi machen.» Dann konnte ich von vorn anfangen. Also wieder Kartoffeln schälen, kochen, pürieren – so ging das ständig.

Im Tantris verkehrten damals auch viele berühmte Menschen. Ich erinnere mich an Roman Herzog, den damaligen Bundespräsidenten, an Gloria von Thurn und Taxis, an den Fußballmoderator Dieter Kürten und natürlich an die Spieler des FC Bayern München. Eines Tages wurde Frau Herzog, die damalige First Lady, von Hans Haas durch die Küche geführt. Er zeigte ihr alles, erklärte die einzelnen Posten. Ich arbeitete zu der Zeit auf dem Fleischposten, und er öffnete meinen Kühlschrank, um ihr zu zeigen, wie es darin aussah. Er wusste, dass mein Kühlschrank immer tipptopp aufgeräumt war, dass ich alles abgedeckt und picobello sauber hielt. Und ich war stolz, dass der

Chef nicht irgendeinen Kühlschrank präsentierte, sondern meinen! Ein andermal stand plötzlich wieder Eckart Witzigmann in der Küche, der im Tantris immer noch von allen Köchen «Chef» genannte wurde. Ich machte große Augen, aber die Kollegen erzählten mir, er käme öfter vorbei und trinke dann gerne in der Küche ein Glas Champagner. Und dann stand diese Kochlegende plötzlich vor mir und fragte: «Und wer bist du?» Ich antwortete: «Ich bin der Ali.» Als er hörte, dass ich im Glockenbach gearbeitet hatte, nickte er anerkennend, Karl Ederer war ja mal ein langjähriger Mitarbeiter von ihm gewesen und gehörte zur sogenannten «Witzigmann-Clique». Dann fragte er: «Wo hast Du gelernt?» Natürlich hatte er noch nie vom Wirtshaus am Rosengarten gehört, und das war mir peinlich, aber er lachte nur.

Im Tantris wurde noch mehr gearbeitet als im Glockenbach. Von acht Uhr morgens bis etwa 15 Uhr ging es durch, dann hatten wir eigentlich Pause, aber manchmal kam ausgerechnet dann ein Fischhändler, und so mussten wir erst noch die Fische schuppen und die Kiemen auslösen, bevor wir in die Pause gehen konnten. In der ersten Zeit legte ich mich oft in mein Auto, um dort eine halbe Stunde oder eine Stunde zu schlafen, bevor es gegen halb fünf, fünf Uhr weiterging mit den Vorbereitungen für das Abendgeschäft. Nachts waren wir mit etwas Glück gegen 23 Uhr fertig, am Wochenende wurde es aber oft nach Mitternacht. Manchmal kam auch abends noch Ware aus Frankreich an; dann mussten wir nach dem Service noch Jakobsmuscheln auseinanderbrechen, Hühner putzen oder frische Gänseleber zu Parfait verarbeiten. Oder es standen im Sommer auf einmal 80 Kisten Marillen da, die berühmten Aprikosen aus der Wachau, die dann zu Hans Haas' legendärer Marillenmarmelade verarbeitet werden mussten. Sobald es ging, mietete ich mir eines der Personalzimmer des Tantris, die in dem Gebäude direkt hinter dem Restaurant lagen, mit einer Gemeinschaftsdusche im Gang. So hatte ich mehr von den Ruhepausen und musste nicht mehr im Auto schlafen, wenn ich mich nachmittags hinlegen wollte. Von Dienstag bis Samstag wohnte ich in der Personalwohnung, die ich mir mit zwei Kollegen teilte, nur am

Wochenende fuhr ich zu meinen Eltern. So verlor ich an den Arbeitstagen keine kostbare Zeit durch das Hin- und Herfahren und riskierte auch nicht mehr, zu spät zu kommen, weil ich im Stau stand. Man musste schauen, dass man seine Zeit optimal nutzte, besonders nachdem ich bald auch zweimal die Woche morgens auf den Großmarkt zum Einkaufen fahren durfte; an diesen Tagen musste ich schon um 5 Uhr 30 da sein. So war es eben – man wusste: Wenn man im Tantris arbeitet, dann hat man nur eine Familie, und das ist die Tantris-Familie. Das war auch in Ordnung, wir wussten ja, wofür wir das taten. Das Fachwissen, das ich mir dort aneignen konnte, findet man nur in sehr wenigen Restaurants in Deutschland. Wir konnten mit den besten Produkten arbeiten, wir setzten jeden Tag alle Soßen frisch an, es wurden keine Kompromisse gemacht. Fritz Eichbauer, der Tantris-Gründer, sagte immer: «Von dem Geld, das ich im Lauf der vielen Jahre ins Tantris gesteckt habe, hätte ich mir auch ein Schloss kaufen können. Aber wo hätte ich dann essen sollen?»

Der Umgang miteinander war im Tantris sehr freundlich, was in der Branche nicht selbstverständlich ist und viel mit der Eigentümerfamilie Eichbauer sowie mit Hans Haas zu tun hatte. Wenn Fritz Eichbauer mit seiner Frau Sigrid zum Essen zu Gast war, kamen sie hinterher immer in die Küche und bedankten sich beim Chef und bei uns für die gute Leistung. Das hätten sie nicht tun müssen, wir waren schließlich ihre Angestellten, aber es zeigte ihre Einstellung. Auch Hans Haas und Peter Kluge, der damals den Service leitete, sind sehr feine Menschen. Hans Haas wurde in der Küche nie laut. Dienstagmorgens, wenn die neue Woche losging, begrüßte er jeden einzelnen Mitarbeiter per Handschlag und fragte, wie es geht, wie das Wochenende war, ob mit der Freundin alles gut liefe. Mir gefiel es, dass es in diesem stressigen Job jemanden gab, der auch privat Anteil nahm. Das Motto war: Wir sind Deine zweite Familie und wir sind auch für Dich da, wenn Du mal mit Deiner Freundin Stress hast oder Dein Vater krank ist. Das habe ich im Tantris gelernt und halte es heute auch so mit meinen eigenen Mitarbeitern.

Hans Haas sorgte für viel Harmonie in der Mannschaft, aber man konnte mit ihm auch herumblödeln oder über die Tour de France reden. Und er war ein begeisterter Skifahrer. In der Küche ist er Perfektionist, aber hat auch ein großes Herz. Er verlangte uns viel ab, achtete aber auch immer darauf, dass wir weiterkamen, etwas dazulernten. Qualität bedeutet für ihn ein gutes Grundprodukt, an dem man nicht sparen darf und das durch den Kochprozess nicht verfälscht wurde. Dazu ein oder zwei gute Zutaten, das genügte. Seine Handschrift ist schnörkellos, die pure Konzentration auf den Geschmack. Er ist sehr bodenständig, für ihn ist das Tantris «ein gutes Gasthaus». Er ist sich auch nicht zu schade, für Stammgäste auf Wunsch ein Wiener Schnitzel zu braten, das hat er in seiner Ausbildung zu Hause in Tirol gelernt. Für viele Gäste ist es schlicht das beste Wiener Schnitzel der Welt. Er behandelt jedes Produkt und jedes Gericht mit der gleichen Wertschätzung: «Ein saftiges Fleischpflanzerl zuzubereiten, ist manchmal schwerer, als einen Hummer zu kochen.»

Ganz besonders nah kam man den Lebensmitteln, wenn man frühmorgens auf den Großmarkt fuhr. Ich liebte die Gärtnerhalle, wo nur verkauft wird, was im Münchner Umland wächst, zum Beispiel alte Kartoffelsorten wie die Bamberger Hörnchen, lang vergessene Kräuter wie Mädesüß und Blutampfer oder frische Bete in gelb, weiß und rot. Toll war es auch während der Schwammerlsaison (hochdeutsch: Pilze), dann duftete es nach Morcheln, Pfifferlingen und Steinpilzen. Wir kauften grundsätzlich nur bei den Händlern mit der besten Ware ein. Wenn wir Birnen brauchten, dann durften sie nicht zu hart sein, sondern auf den Punkt gereift. Das galt auch für Mangos; wir nahmen fast nur die Flugware aus Thailand. Egal ob Spinat, Champignons oder Strauchtomaten – alles musste immer vom Besten sein. Heikel war der Feldsalat, den wir im Tantris sehr gerne zu Vorspeisen anrichteten; der Chef war penibel und verlangte nach einem ganz bestimmten Salat mit relativ kleinen Blättern.

Ich mochte den Großmarkt sehr, vielleicht auch deshalb, weil dort so viel Türkisch gesprochen wurde. Manchmal hatte ich den Eindruck, ich sei in Istanbul! Im Winter konnte es natürlich sehr ungemütlich und zugig sein, aber im Sommer, wenn die Sonne schien, war es herrlich – man ging um 6 Uhr morgens in den Markt hinein und hatte sofort den Duft von frischen Pfirsichen oder reifen Erdbeeren in der Nase. Das war gigantisch! Die Händler waren natürlich geschickt: Sie halbierten die Melonen und schnitten sie in Spalten auf, damit man probieren konnte, und Duft von Wasser- und Honigmelonen hing in der Luft. Grundsätzlich probierte ich alles, bevor ich kaufte – wenn ich Pfirsiche mitgebracht hätte, die nicht ordentlich gereift waren, hätte es mächtig Ärger gegeben.

Früh am Morgen war am meisten los; wenn man gut organisiert war und genau wusste, wo die besten Zwiebeln, Karotten, Sellerie, Lauch und alles Weitere für den Soßenansatz zu bekommen war, blieb noch genügend Zeit für einen schnellen Cappuccino, eine Nussecke und ein Schwätzchen mit den Händlern oder den Kollegen aus anderen Restaurants.

Als anspruchsvollste Küchenposten gelten im Tantris der Saucier und der Poissonnier, also der Fischkoch. Deshalb war ich auch besonders stolz, als ich ein paar Monate lang den Fischposten machen durfte. Fisch wurde jeden Tag frisch geliefert, manchmal sogar zweimal täglich. Heute wird in vielen Restaurants nur noch Fisch aus Aquakultur eingekauft, damals im Tantris war fast alles noch Wildfang, geliefert vom Fischhändler Lurz, der über Paris den besten Münchner Draht in die Bretagne hatte. Von dort stammten Hummer, Langusten und Steinbutt – nur das Beste. Manchmal waren auch Marron-Krebse im Angebot, schwarze Flusskrebse aus Australien, sehr lebendig, sehr flink, einfach köstlich – und damals wahnsinnig teuer. Lurz lieferte vieles, was ich noch nicht kannte. Klar, bei Ederer wurde auch gut eingekauft, aber das Tantris war eine andere Welt – Red Snapper, Drachenkopf, Knurrhahn, Rotbarbe, erstklassiger Steinbutt im Ganzen – beeindruckend. Die italienische Ware, Oktopus, Sepia, Calamaretti, Loup de mer, kam auch hier über Pasquale, den italienischen Fischhändler, den ich schon aus dem Glockenbach kannte. Und dann gab es einen Iraner, der ab und zu Kaviar und Safran vom Feinsten vorbeibrachte. Ein berühmtes Gericht von Hans Haas war damals der Steinbutt mit Champagnersauce und Kaviar, bei dem am Kaviar nicht gespart wurde. In dieser Küche wurden definitiv keine Kompromisse gemacht. Nur das Beste war gut genug.

Ein Klassiker von Hans Haas, die Räucherforellensuppe mit Grießnockerl, wirkte auf den ersten Blick fast bodenständig, war in der Produktion aber unglaublich aufwendig – typisch Haas eben. Die aromatische Grundlage bildete eine Tomatenessenz, die über Stunden aus reifen Tomaten und Dosentomaten geköchelt wurde, daraus kochte man mit Champignons und allerlei Gemüse eine klare Suppe, in der die vorher geräucherten Forellenkarkassen für die Räucheraromatik sorgten. Das Ganze wurde dann mit feinen Grießnockerln und den nur ganz knapp gargezogenen Fischfilets angerichtet – ein Gedicht. Der pure Eigengeschmack der Forellen, die natürlich in frischem Quellwasser groß geworden waren, kam so richtig zum Tragen.

Ein Gericht mit «Wow»-Faktor war auch sein gebackenes Ei mit Rahmspinat und Trüffeln. Dazu wurde ein Ei erst behutsam pochiert, dann in Panade gewendet und in der Pfanne in heißem Öl goldbraun herausgebacken – wie ein Schnitzel. Dazu brauchte man Fingerspitzengefühl! Ich durfte immer den Cremespinat dazu machen, dazu pürierte ich à la minute kurz blanchierten Spinat mit einer Rahmsauce. Das Ei wurde dann auf den Spinat gesetzt, dazu gab es schönen Trüffelschaum, der Chef hobelte ordentlich weiße Trüffel darüber, und ganz zum Schluss ritzte er mit einem spitzen Messer das Ei ganz leicht an, sodass beim Servieren etwas flüssiges Eigelb herauslief. Dieses Gericht werde ich nie vergessen!

Lauwarmer Lachs mit Orangen-Raki-Linsen

Dieses Gericht ist eine Hommage an Hans Haas. Der unter Klarsichtfolie bei niedriger Temperatur im Ofen glasig gegarte Lachs ist einer seiner Klassiker. Während meiner Zeit im Tantris bereitete ich ihn oft für die Gäste zu, später habe ich ihn für mich etwas «orientalisiert».

4 Lachsfilets (à 140 g, küchenfertig)
etwas Olivenöl

200 g Rote Linsen
6 Schalotten, fein gewürfelt
4 Knoblauchzehen, fein gewürfelt
200 ml Tomatensaft
200 ml Geflügelbrühe
400 ml Orangensaft
Thymian, Rosmarin
Olivenöl, 100 g Butter
4 cl Raki (ersatzweise Pernod)

Den Backofen auf 60 °C vorheizen. Lachsfilets mit Olivenöl einreiben und auf ein Backblech legen, das Blech mit ofenfester Klarsichtfolie abdecken und für 10–15 Minuten in den Ofen geben.

Schalotten und Knoblauch in Olivenöl anschwitzen. Die Linsen dazugeben, mit Tomatensaft, Geflügelbrühe und Orangensaft auffüllen. Nach Belieben Thymian- und Rosmarinzweige dazugeben und so lange kochen, bis die Linsen weich sind (ca. 20–30 Minuten). Die kalte Butter einrühren und mit Salz, Pfeffer und etwas Zucker würzen. Zum Schluss mit dem Raki abrunden.

Hans Haas' Maxime war, dass auch die einfachen Dinge große Klasse sein können. Zum Beispiel ein im Ganzen gebratenes Spanferkel, eine Kalbshaxe oder eine im Ofen schön zart geschmorte Lammschulter, aromatisiert mit Thymian, Rosmarin und ein bisschen Zitronenabrieb. Sie wurde den Gästen am Tisch in ihrer ganzen Pracht präsentiert, das Fleisch war so butterzart gegart, dass der Maître es mit dem Löffel vom Knochen lösen konnte. Man muss für solche Genüsse das fachliche Knowhow besitzen – und natürlich über exzellente Produkte verfügen. Ein Rehrücken, perfekt gebraten, mit buttrigen Spätzle, feinster Soße und schwarzen Trüffeln – was will man mehr? Über Fleisch lernte ich im Tantris sehr viel, als ich dann schließlich auf dem Fleischposten landete. Er hieß dort «Boucherie», nach dem französischen Wort für Metzgerei. Und das kann man ruhig wörtlich nehmen; weil man als Koch auch für alle Fleischbestellungen und das Reifen des Fleischs zuständig war, eignete man sich mit der Zeit jede Menge Fachwissen an. Wir kauften ganze Kalbsschultern oder Lammrücken und hängten sie in den Reiferaum, und ich kontrollierte täglich den Reifezustand, denn wenn etwa ein Lamm zu lange hängt, schmiert es, und das führt zu dem berühmt-berüchtigten «Lämmeln». In jener Zeit lernte ich wundervolle Produkte wie die französischen Pré-salé-Lämmer, Salzwiesenlämmer, kennen. Sie grasen ihr ganzes Leben lang auf den Salzwiesen an der bretonischen oder normannischen Küste, fressen Salzwiesengewächse wie Queller, Seeaster und Salzmelde, die das Fleisch sozusagen natürlich würzen. Als gebürtiger Türke hatte ich natürlich einen besonderen Bezug zum Lamm, und weil ich damals im Tantris auch für das Personalessen zuständig war, schnitt ich bei den Salzwiesenlämmern die Seitenlappen mit den Rippchen heraus, die wir im Restaurant nicht verwenden konnten, und kochte für die Kollegen Lammrippchen. Manche ziehen mich noch heute damit auf, dass es bei mir ständig Lamm gab. In jener Zeit lernte ich, wie man Fleisch richtig auslöst und verarbeitet, wie man ein Reh oder Tauben fachgerecht zerlegt oder das Fettnetz, ein netzartiges Fettgewebe aus dem Bauchfell von Rind oder Schwein, nutzt, um Fleischgerichte wie Rouladen oder Würstchen aus Fleischfarce während des Garens vor dem Auseinanderfallen zu bewahren. Von diesem Wissen profitiere ich bis heute, weil ich nun meinen eigenen Köchen zeigen kann, wie's geht – in vielen Küchen wird heute so etwas dem Nachwuchs gar nicht mehr vermittelt, weil nur fertig zerlegte und abgepackte Stücke eingekauft werden. In meinem Restaurant Pageou dagegen werden schon mal auf dem Großmarkt 30 Zicklein im Ganzen bestellt, die wir dann selbst zerlegen und so unseren Gästen Stücke vom Tier anbieten können, die es woanders nicht gibt.

Trotz allem begann ich, nach eineinhalb Jahren über einen Wechsel nachzudenken. Nach drei Saisons im Tantris war ich hungrig nach neuen Eindrücken. Mir war klar: Mein nächster Chef sollte ganz anders kochen als der Produktpurist Karl Ederer oder Hans Haas, der für eine Haute Cuisine österreichischer Prägung stand. Ich hatte von Fritz Schilling gehört, der damals in den Schweizer Stuben in Wertheim bei Würzburg kochte; seine Küche war französisch-provenzalisch inspiriert und mit zwei Michelin-Sternen und 19 Gault-&-Millau-Punkten ausgezeichnet. Und wieder einmal kam mir das Schicksal zu Hilfe: Wir feierten im Tantris 25-jähriges Bestehen, und Hans Haas hatte Kollegen aus ganz Deutschland eingeladen, um über zwei Tage, samstags und sonntags, für die rund 400 geladenen Gäste zu kochen. Es war ein erlauchter Kreis, der da anreiste, darunter so berühmte Namen wie Dieter Müller, Josef Viehhauser, Lothar Eiermann oder Harald Wohlfahrt. Als ich hörte, dass auch Fritz Schilling dabei sein würde, stieg meine Anspannung. Es war für uns junge Köche natürlich sehr spannend, die berühmten Kollegen so hautnah bei der Arbeit beobachten zu können. Wir hatten einen Riesenrespekt vor ihnen; ich glaube, ich konnte mich vor Ehrfurcht kaum bewegen. Jeder von ihnen hatte ein Gericht mitgebracht, das er für die Gäste zubereitete – ein echtes Schaulaufen der Luxusprodukte, in einer Opulenz, wie wir es im Tantris nicht kannten: Dieter Müller belegte eine Foie gras mit Rindertatar, bei Lothar Eiermann gab es einen Kartoffelschnee mit Kaviar satt, und Joseph Viehhauser bereitete seine berühmte Trüffelsuppe zu. Ich traute meinen Augen nicht: Er hatte gleich mehrere Packungen Périgord-Trüffel dabei, die kamen alle in den Topf, dann goss er höchst großzügig Champagner dazu und schmeckte das Ganze mit etwas Sahne ab. Das hatte schon etwas Dekadentes. Da beeindruckte mich Fritz Schilling viel mehr: Er briet eine Gänseleber, bereitete dazu eine Artischockenpfanne zu, würzte mit etwas Pfeffer und Chili, das war leicht, lecker, locker und trotzdem raffiniert. Ich fand Gelegenheit, mich ein bisschen mit ihm zu unterhalten und hatte gleich ein gutes Gefühl. Wichtige Entscheidungen in meinem Leben treffe ich immer emotional; was mir mein Bauchgefühl sagt, ist meistens richtig.

Ein paar Tage später bat ich Hans Haas um ein Gespräch und sagte ihm, dass ich gerne wechseln würde, um neue Eindrücke zu sammeln. Er nahm das nicht gut auf, mein immer so freundlicher Chef wirkte im ersten Moment regelrecht sauer. Er hätte mich wohl gerne noch länger behalten. Ich sagte ihm, mein Traum sei es, zu Fritz Schilling zu gehen, um dessen Mittelmeerküche mit ihren ausgeprägten provenzalischen Einflüssen kennenzulernen. Und obwohl Haas das ganz offensichtlich nicht gut fand, bot er mir trotzdem an, für mich bei seinem Kollegen anzurufen. Da kam bei allem Verdruss doch wieder sein gutes Herz durch. Und er hielt Wort, ein paar Wochen später hatte ich meinen Vorstellungstermin in den Schweizer Stuben in Wertheim.

Seeigel und Safran – *Die Entdeckung des Mittelmeers (und des Rassismus)*

Ein Vorstellungstermin in den Schweizer Stuben – das klang wie Musik in meinen Ohren. Die Schweizer Stuben galten neben dem Tantris und Henry Levys Restaurant Maître in Berlin als Wiege der Spitzenküche in Deutschland. Als ich mich auf den Weg dorthin machte, waren sie mit zwei Michelin-Sternen und 19 Gault-&-Millau-Punkten ausgezeichnet. Der genussfreudige Kunststofffabrikant Adalbert Schmitt hatte das Restaurant samt dem gleichnamigen Hotel 1971 auf ein paar Wiesen am Main aus dem Boden gestampft, die aus Südbaden stammenden Brüder Jörg und Dieter Müller hatten es in den 1970er und 1980er Jahren mit ihrem an der modernen französischen Grande Cuisine orientierten Stil zu einer der besten deutschen Adressen hochgekocht. Neben Witzigmanns Münchner Küche galt das Restaurant (das 2004 für immer die Türen schloss) damals als größte Talentschmiede der modernen deutschen Küche. Viele Herdkünstler, die später berühmt wurden, waren durch diese Schule gegangen: Johann Lafer, Hans Stefan Steinheuer, Ingo Holland, Stefan Marquard, Bobby Bräuer, Bernhard Diers, Harald Rüssel, Douce Steiner, Alexander Herrmann, Manfred Schwarz – um nur einige zu nennen. Nachdem Dieter Müller das Haus verlassen hatte, wurde Fritz Schilling 1990 dort Küchenchef. Er stammte aus dem schwäbischen Nürtingen, wo er einst für den Gasthof seiner Eltern den ersten Michelin-Stern erkocht hatte, kulinarisch geprägt aber hatte ihn die Zeit, die er als junger Koch an der Côte d'Azur verbrachte. Ich wusste: Kein anderer in Deutschland konnte die Küche der Provence mit ihren verführerischen Aromen so gekonnt zelebrieren wie er. Das wollte ich lernen!

Was ich dabei nicht bedachte: Die Schweizer Stuben lagen nicht in München, sondern in Wertheim-Bettingen. Ein kleiner Ort im Main-Tauber-Kreis, ungefähr auf halber Strecke zwischen Aschaffenburg und Würzburg und über 300 Kilometer von München entfernt, das ich längst als meine Heimat betrachtete. Was meine Entscheidung wirklich bedeuten würde, wurde mir erst klar, als ich im Auto saß und zum Vorstellungsgespräch fuhr. Mein Bruder und meine Schwägerin begleiteten mich, und je weiter wir fuhren, je mehr wir uns von München entfernten, desto mulmiger wurde mir. Erst jetzt erkannte ich: Das war richtig weit weg von meinem bisherigen Leben. Ich bin ein sehr familienorientierter Mensch und war noch nie von meinen Eltern und Geschwistern getrennt gewesen – und gerade mal 21 Jahre alt. Wie sollte ich meine freien Tage verbringen? Würde ich nach Hause fahren können? Das beschäftigte mich sehr. Aber ich sagte mir: Du hast ein Ziel, und daran hältst du jetzt fest. Opfer müssen gebracht werden. Wir fuhren durch winzige, gottverlassene Dörfer, die Häuser waren verschlossen und wirkten abweisend, auf den Straßen war keine Menschenseele zu sehen. Ich sagte mir: Junge, du bist Ausländer, und das hier ist nicht München. Wie wirst du damit klarkommen? Ich hatte eine unbehagliche Vorahnung, die sich später leider bestätigen sollte.

Endlich kamen wir an, und da waren sie: die berühmten Schweizer Stuben. Es war für mich das erste Mal, dass ich in einem Restaurant arbeiten sollte, das zu einem Hotel gehörte. Das Anwesen, idyllisch an einer Mainschleife in einem 40 000 Quadratmeter großen Park gelegen, wirkte imposant. Es zählte insgesamt 33 Zimmer, Apartments und Suiten in drei villenartigen Komplexen, dazu kamen eine Tennishalle und zwei Schwimmbäder. Und auch das kulinarische Angebot war beeindruckend: Neben dem Gourmetrestaurant des Hauses bot man den Gästen auch eine gutbürgerliche Küche im Landgasthof Schober sowie authentisch italienische Küche in der Taverna la Vigna. Man zeigte mir die ineinander übergehenden beiden Räume des «Restaurant français», das mit edlem Holz an Decken und Wänden und warmem Licht einem noblen Schweizer Chalet glich. Da wurde ich doch ein wenig ehrfürchtig.

Zum Glück stand dann schon Fritz Schilling in der Tür, hieß mich willkommen, zeigte mir die Küche, lud mich zum Mittagessen ein. Das Gespräch mit ihm ließ alle Zweifel verfliegen. Er war freundlich, weltoffen und schwelgte in den höchsten Sphären der französischen Küche. Man glaubte sich wirklich in der Provence, wenn er von seinen Kreationen sprach: Salat von Taschenkrebsen mit Cavaillon-Melone und grünen Mandeln in Olivenölmarinade, Kalbskuttelsuppe à la Niçoise mit gefüllten Tintenfischen, Filet vom Rochenflügel in Weißwein-Kapern-Nage mit gesalzenen Zitronen, Seeigelrisotto mit Safranschalotten, Ente in Pastis auf Mais-Pinien-Couscous, in Rhône-Wein pochiertes Rinderfilet mit Barbouillade de Nice, einer sehr veredelten Ratatouille. Und mit Desserts wie geeistem Nektar von Vaucluse-Pfirsichen mit karamellisiertem Biskuit oder warmem Schokoladen-Kirsch-Kuchen auf Pfefferminzsauce hätte ich mir gerne die Figur ruiniert! Mein Chef in spe vermittelte mir ein sehr gutes Gefühl. Ich war mir sicher: Das ist ein Mensch, mit dem ich arbeiten möchte. Leider war nicht auf Anhieb eine Stelle im Gourmetrestaurant frei, deshalb bot mir Schilling an, zunächst einige Monate im angegliederten Landgasthaus Schober zu arbeiten. Sobald dann in seinem Team ein Platz frei würde, könnte ich wechseln. Das war nun nicht ganz das, was ich mir vorgestellt hatte. Auch das Thema Gehalt erwies sich wieder als wunder Punkt: Ich sollte noch weniger verdienen als im Tantris, 1400 Mark netto. Das bereitete mir Kopfzerbrechen, immerhin hatte ich mittlerweile ein Auto und einige Versicherungen zu bezahlen. Aber die paar Monate im Landgasthaus würde ich schon rumbringen und zur Not einen Dispokredit aufnehmen. Das war es wert, wenn ich dafür die Schweizer Stuben in meiner Vita hätte. Ich sagte also zu.

Ein paar Wochen später packte ich meine Sachen ins Auto und verabschiedete mich von meinen Eltern. Für die beiden war es sehr hart, der Abschied war tränenreich. Wir sind eine emotionale Familie, und wenn ich Tränen in den Augen meiner Eltern sehe, kann ich auch nicht mehr an mich halten. Es war nicht einfach, ich fuhr ja ins Ungewisse. Ich bezog mein neues Personalzimmer in einem benachbarten Dorf namens Urphar. Der Ort erschien mir wie ausgestorben, die Atmosphäre empfand ich als sehr beklemmend. Ich hatte das Gefühl, hier könnte ich tot umfallen, und keiner würde es mitkriegen. Ich war froh, mich in die Arbeit stürzen zu können, auch wenn es erst einmal «nur» im Landgasthaus war. Dort arbeitete ich für einen anderen Küchenchef, Bernd Pils, der auch mal bei Karl Ederer im Glockenbach Saucier war. Mich beschlich das Gefühl, dass sie mich hier erst einmal «austesten» wollten, dass ich mir den Job im Gourmetrestaurant sozusagen erarbeiten musste. Im Schober waren wir nur zu dritt in der Küche, und ich fühlte mich unterfordert. Auf der Karte standen neben schweizerisch Anmutendem wie Alpenlammkeule mit geschmortem Kabis und Plain in Pigna (Ofenrösti mit etwas Salsiz-Wurst) vor allem gutbürgerliche Gerichte wie geräucherter Aal auf marinierten Linsen, Kartoffel-Bohnen-Eintopf mit hausgemachten Kalbsbratwürstchen, Bauernkaninchen mit Senfsauce oder die gute alte gebratene Scholle. Ich war für die Kalte Küche zuständig, richtete Salate und Vorspeisen an. Das war keine große Kochkunst, sondern einfach gutgemachte Gasthausküche. Aber egal, ich hatte auch daran Spaß, der Küchenchef ließ mir Freiheiten, und ich konnte eigene Ideen einbringen, die bei den Gästen gut ankamen. Trotzdem war ich natürlich in Gedanken immer bei Fritz Schilling. Landgasthof und Gourmetrestaurant teilten sich eine große Küche, und ich schielte, wann immer es ging, hinüber zu den Kollegen, um zu sehen, was dort gemacht wurde.

Zutiefst beeindruckt war ich, als ich mitbekam, wie viel Energie der frankophile Schilling, immer unterstützt von seinem qualitätsfanatischen Patron Adalbert Schmitt, in den Einkauf bester Produkte steckte. Hier verließ man sich, was die französischen Spezialitäten anging, nicht auf das Angebot von tonnenweise produzierenden Anbietern auf den Großmärkten. Schilling machte sich lieber selbst auf die Suche, um den frischesten Fang der besten Fischhändler, die edelsten Produkte von Gemüsebauern, Geflügelzüchtern, Obstgärtnern und Jägern vor Ort in den französischen Regionen für die eigene Küche aufzuspüren. Die Fahndung nach den kleinsten, feinsten Erzeugern kostete viel Zeit, Energie und finanzielle Mittel. Oft gab es logistische Probleme, bis eine Rascasse von der Mittelmeerküste oder eine Taube aus der Bresse im tauberfränkischen Wertheim-Bettingen ankamen. Aber für die Gäste zahlte sich der Aufwand geschmacklich natürlich mehr als aus.

Mandel-Oliven-Tapenade

Fritz Schilling kochte in den Schweizer Stuben mit äußerst hochwertigem Olivenöl aus Ligurien. Diese Liebe zu Oliven kam mir sehr entgegen, weil ich mit ihnen aufgewachsen bin – in Pageou aßen wir sie schon zum Frühstück, zusammen mit Käse, Tomaten und Fladenbrot. Die Mandel-Oliven-Tapenade wurde in den Schweizer Stuben zu Kaninchen serviert, heute kombiniere ich sie im Pageou gerne zu Lamm mit seinen kräftigen Aromen. Sie passt aber auch gut zu Auberginengerichten oder zu Pasta mit Tomatensoße. Oder als köstliche Olivencrostini ganz einfach auf geröstetes Brot gestrichen.

6 Schalotten
2 Knoblauchzehen
250 g entkernte ligurische Oliven (sie gelten als die besten)
8 getrocknete Tomaten
2 EL Kapern
etwas gehackten Thymian und Rosmarin
etwas abgeriebene Orangenschale (von etwa 1/4 Orange)
2 EL Mandelsplitter
2 EL Korinthen

Alle Zutaten, außer den Mandeln und Korinthen, im Mixer zu einer feinen Paste pürieren. Dann in einer Schüssel mit den Mandeln (vorher in der Pfanne anrösten) und Korinthen (einen Tag vorher in Apfelsaft einlegen) mischen. Die Paste mit Salz, Pfeffer, Cayennepfeffer und altem Balsamico abschmecken. Zuletzt noch mal mit etwas Olivenöl mischen, sodass die Tapenade schön schlotzig wird. Sie lässt sich im Kühlschrank mehrere Wochen aufbewahren.

Nach drei Monaten war es so weit, ich durfte in Fritz Schillings Küche wechseln, wo ich zunächst ebenfalls den Posten des Gardemanger, also die Kalte Küche, übernahm. Ich bekam nun ganz genau mit, dass hier mit sehr viel Aufwand gearbeitet wurde, ein Aufwand, der sich mir nicht immer erschloss, der ganz anders war als alles, das ich von Ederer oder aus dem Tantris kannte. Ich hatte auch dort schon Bekanntschaft mit der klassischen französischen Küche gemacht, trotzdem war das hier für mich neues Terrain. Zum Beispiel die Zubereitung der Orangenvinaigrette: Um die Orange zu schälen, durfte kein moderner Ziselierer verwendet werden, wie ich es kannte. Stattdessen musste die Schale nach alter Tradition von Hand heruntergeschnitten und in feinste Streifen, im Küchenjargon «Julienne», zerteilt werden. Und dann nicht einmal blanchieren, sondern dreimal nacheinander. Zum Orangensaft musste noch etwas Zitronensaft gegeben werden, ein paar Thymianblättchen, einen Hauch Knoblauch – der Wahnsinn. Und dabei war es doch nur eine Orangenvinaigrette! Anders als im Tantris wurde Gänseleber hier auch nicht einfach in Scheiben geschnitten und in der Pfanne schön kross gebraten. Nein, die Gänseleber musste vor dem Braten rund ausgestochen werden. Das galt auch für den Thunfisch; von den schönen, dicken Scheiben wurden nur die Mittelstücke verwendet und ebenfalls kreisförmig ausgestochen, bevor sie auf den Grill kamen. Das machte mich nachdenklich, denn bei dieser Art Küche entstand sehr viel Abfall. Wenn man wie ich aus einfachsten Verhältnissen stammt, tut man sich mit so etwas schon schwer. Ich empfand das als dekadent und überheblich, und mir war klar: So möchte ich in Zukunft nicht arbeiten. Dieses Artifizielle, das gekünstelte Verfremden von Zutaten, das ist nicht meine Welt. Es ist eine Stilistik, die sicher damals ihre Berechtigung hatte, aber ich erkannte mich darin nicht wieder.

Der hohe Aufwand, der in der Küche betrieben wurde, wirkte sich natürlich auf unsere Arbeitszeiten aus. Obwohl das Gourmetrestaurant mittags geschlossen war, fingen wir schon um 10 Uhr an, um für den Abend alles vorzubereiten. Es war, so sah ich es für mich, das genaue Gegenteil der Tantris-Küche: Dort wurde die Einfachheit perfektioniert, hier wurden beste Ausgangsprodukte hochkomplizierten Verarbeitungsprozessen unterworfen – aber am Ende war es doch nur Essen. Trotzdem machte mir die Arbeit in den Schweizer Stuben Spaß, weil ich Einblick in eine für mich fremde Welt bekam, zum Beispiel auch in die Kunst, vor allem mit Kräutern zu würzen. Ich versuchte, so viel wie möglich für mich mitzunehmen. Was mir allerdings zu schaffen machte: Die Stimmung in der Küche war nicht die beste. Wir waren nur sechs oder sieben Köche, aber es kam kein Teamgefühl auf. Im Gegenteil, einige Kollegen waren echte Unruhestifter. Ich verstand nicht, warum der eine über den anderen herziehen musste, warum so viel hinter vorgehaltener Hand gelästert wurde. Es gab immer wieder Diskussionen und Stress unter den Kollegen. Mir war das unangenehm, ich bin ein harmoniebedürftiger Mensch. Fritz Schilling bekam das als Chef wohl nicht so mit oder wollte es nicht mitbekommen, aber mich belastete es. Es war eine Horde von Alphatieren in der Küche, keiner wollte dem anderen entgegenkommen. Das machte mich traurig, aber es lehrte mich auch, dass im Leben eben nicht alles so geht, wie man es sich vorgestellt hat. Die Lektion, die ich in Wertheim lernte, stärkte mich für meine weitere Laufbahn.

Was ich auch bisher nicht erlebt hatte: Es gab immer wieder Probleme mit dem Lohn, der oft nicht pünktlich zum Anfang des Monats ausgezahlt wurde. Oder es wurde nur ein Teil überwiesen, der Rest folgte dann erst Ende des Monats. Nicht ganz einfach, wenn man ohnehin so wenig verdient. Bald wurde mir klar, dass man nicht nur an den Angestellten sparte, sondern auch an anderer Stelle: Zum Beispiel wurde in Schillings provenzalischer Küche sehr viel Olivenöl verwendet, und natürlich durfte es nur das beste Olivenöl von einem ganz bestimmten Bauern in Ligurien sein. Es kostete 40 Mark die Flasche, ein sehr stolzer Preis. Plötzlich hieß es jedoch, wir sollten für die Dressings nicht mehr so viel Öl verwenden. An manchen Tagen wurde sogar ein Tageslimit für den Ölverbrauch gesetzt. Man fragte sich dann schon, ob es denn unbedingt dieses eine Öl sein musste, ob es nicht eines für 30 Mark auch getan hätte? Tatsächlich änderte sich in jenen Tagen die Einkaufspolitik des Hauses. Wo früher nur das Beste gut genug war, kaufte man plötzlich einen Kabeljau ein, der früher in den Schweizer Stuben nie auf den Tisch gekommen wäre. Es war klar: Hier wurden aus wirtschaftlichen Gründen Kompromisse gemacht. Erst später erfuhr ich die wahren Hintergründe: Die Kunststofffabrik der Familie Schmitt, die auch die Finanzierung der kostenintensiven Gourmetküche in den Schweizer Stuben garantiert hatte, war Konkurs gegangen. Deshalb konnte Patron Adalbert Schmitt, der sich nur noch um die Schweizer Stuben gekümmert hatte, nicht mehr so in sein Herzensprojekt investieren, wie er es gerne getan hätte. All das war mir damals, als 21-jährigem Jungkoch, nicht klar. Ich wusste nur, dass ich manchmal mein Konto überziehen musste, um das Benzin für die Heimfahrt nach München zu finanzieren. Bei einigen Kollegen griffen sogar die Eltern unter die Arme, um sie zu unterstützen, aber das war bei mir nicht möglich.

Es waren finanziell harte Zeiten. Obwohl wir so wenig verdienten, mussten wir für unsere Personalzimmer zahlen. Es war schon absurd: Wir Jungköche arbeiteten in einem Restaurant, in dem die Gäste schon für die Vorspeisen zwischen 40 und 70 Mark bezahlten, verwendeten in der Küche nur die besten Produkte, ernährten uns in unserer Freizeit aber von Tütensuppen, die wir beim Discounter kauften. In der Arbeitswoche bekamen wir Personalessen, aber an unseren freien Tagen mussten wir uns selbst verpflegen. Wenn wir nicht nach Hause fuhren, ging ich mit meinem Mitbewohner zum Discounter und kaufte Nudeln, die wir dann tagelang mit etwas Butter aßen. Furchtbar. Ich hatte bei der Familie Schmitt um eine Gehaltserhöhung gebeten, war aber auf taube Ohren gestoßen. Doch es war nicht nur die Geldnot, sondern auch die Atmosphäre dort auf dem Land, die mir zu schaffen machte.

Nur höchst ungern war ich außerhalb des Restaurants alleine unterwegs, denn man sah schon den einen oder anderen Skinhead oder Rechtsradikalen, für den ich wegen meiner orientalischen Herkunft eine passende Zielscheibe abgab. Ich bin ja kein Zwei-Meter-Mann; wenn mich so jemand schief anschaut, ist das schon ein komisches Gefühl. Der Anblick dieser Jungs, in ihren Springerstiefeln und grünen oder schwarzen Bomberjacken, mit ihren kahl rasierten Köpfen, ließ die Angst in mir hochsteigen. Wenn ich frei hatte, ging ich selten aus, schon gar nicht alleine, und blieb lieber in meinem Zimmer. Oder ich fuhr mit dem Auto in die Stadt, kaufte mir etwas zu essen und fuhr dann wieder zurück. Ich war sehr vorsichtig. Abends ging ich höchstens mit den Kollegen aus, weil ich mir von ihnen einen gewissen Schutz erhoffte. Aber generell fuhr ich an meinen freien Tagen am liebsten nach München, oft sogar noch nachts, nach der Arbeit, oder gleich morgens in aller Frühe.

Irgendwann im Herbst 1999 kursierten dann die ersten Gerüchte, Fritz Schilling würde wohl nicht mehr lange bleiben. Das alarmierte mich, denn ich war ja seinetwegen nach Wertheim gekommen. Nach wie vor schätzte ich ihn menschlich sehr und wusste auch, dass ich fachlich noch einiges von ihm lernen konnte. Ich sprach ihn auf das Thema an, und er redete ganz offen mit mir: Er höre Ende des Jahres in den Schweizer Stuben auf und gehe nach München, um Küchenchef bei Käfer zu werden. Und wenn ich wollte, würde er mich gerne dorthin mitnehmen. Das war ein Ding! Zurück nach München – das hörte sich für mich an wie eine Erlösung. Zwar war die Käfer-Schänke im Stammhaus des Feinkosthauses Käfer an der Prinzregentenstraße nicht gerade die Erfüllung all meiner kulinarischen Träume, aber man konnte ja mal darüber nachdenken. Schilling erklärte mir seine Pläne: Bei Käfer wolle man sich gastronomisch ganz neu aufstellen, den Michelin-Stern zurückerobern, der früher einmal über dem Haus strahlte. Das Restaurant solle umgebaut werden, und Michael Käfer sei auf der Suche nach einem neuen Team gewesen, das solch ein Konzept tragen könne. Schilling sollte Küchenchef werden, aber es gebe auch einen kulinarischen Berater, einen großen Namen. Ich horchte auf: «Wer denn?» Und Schilling ließ die Katze aus dem Sack: Es war kein Geringerer als Eckart Witzigmann. Außerdem wäre auch noch Paul Urchs mit von der Partie, der zurzeit noch bei Heinz Winkler in Aschau als Küchenchef angestellt sei. Das hörte sich alles sehr gut an, also sagte ich: «Okay, ich mache mit.» In Wertheim hielt mich ohnehin nichts mehr, schon gar nicht, nachdem ich hörte, dass man nach Schillings Weggang das Konzept auf euroasiatische Küche umstellen wolle – das interessierte mich gar nicht.

Im Rückblick muss ich sagen, dass ich in jener Zeit privat regelrecht gelitten habe. Nie zuvor war ich so offen mit dem Thema Rassismus konfrontiert gewesen. Klar gab es das auch in München, aber dort mischte sich alles viel mehr. Hier auf dem Land lebten Einheimische und Migranten in den sprichwörtlichen Parallelwelten. In Wertheim ging ich ab und zu einmal in ein türkisches Lokal – dort setzte kein Deutscher den Fuß hinein. Umgekehrt gingen die Türken auch nicht in deutsche Restaurants; das befremdete mich sehr. Ich fühlte mich hin und her gerissen: Auf der einen Seite war ich perfekt integriert, aber im Herzen war ich immer noch Türke und Migrant. Ich fühlte mich oft isoliert, und es gab auch Kollegen, die mich spüren ließen, dass ich nicht wirklich dazugehörte – wenn etwa der Restaurantleiter mich mitten im Service fragte: «Ali, sag' mal, wie hoch springt eigentlich ein deutscher Schäferhund?» Er hoffte, dass ich darauf hereinfalle und den rechten Arm hebe – das hätte dann ausgesehen wie ein Hitlergruß. Natürlich hieß es hinterher, das sei doch nur ein Scherz gewesen, aber ich konnte darüber nicht lachen. Meine Zeit in der tauberfränkischen Provinz machte mich sehr nachdenklich, sie veränderte mein Bild von Deutschland. Ich kannte zu diesem Zeitpunkt nichts außer München, denn mit der Familie waren wir nie gereist, aber die Erfahrungen jener Zeit in Wertheim führten mir vor Augen, dass ich eben nicht überall willkommen war.

Heute habe ich längst einen deutschen Pass und identifiziere mich sehr stark mit unserem Land. Aber ich vergesse nie, dass es diesen versteckten Rassismus gibt, auch wenn er sich manchmal gut tarnt. Denn er trägt nicht nur Springerstiefel und Bomberjacke, sondern durchaus auch Anzug und Krawatte.

Ende 1999 war ich wieder in München und zurück bei meiner Familie – eine große Erleichterung. Ich war gespannt, was bei Käfer auf mich warten würde. Eigentlich war mein Plan gewesen, nach dem Tantris und den Schweizer Stuben mit ihren jeweils zwei Sternen noch Erfahrungen in einem Drei-Sterne-Restaurant zu sammeln. Daraus wurde nun erst mal nichts, stattdessen fing ich in dem berühmten Feinkosthaus an.

Das Stammhaus an der Prinzregentenstraße im noblen Stadtteil Bogenhausen war und ist so etwas wie das Epizentrum der besseren Münchner Gesellschaft. Im Erdgeschoss liegen die Verkaufsräume, wo man sich mit Delikatessen von Kaviar bis zum teuersten Beef, von Austern bis zu feinsten Fischen eindecken kann, dazu gehört auch eine ausgezeichnete Weinhandlung. Das Restaurant Käfer-Schänke liegt im ersten Stock und ist ein Treffpunkt für Prominente und alle, die es gerne wären. Zum Restaurant gehören sechzehn Stuben, die für Gesellschaften sehr beliebt sind; jede von ihnen ist thematisch unterschiedlich dekoriert, von der Ofenstube mit dem alten Kachelofen bis zur ganz in Weiß gehaltenen Hochzeitsstube.

Was die geplante Neuausrichtung des Restaurants anging, war ich ehrlich gesagt von Anfang an etwas skeptisch. Mit Fritz Schilling, Eckart Witzigmann und Paul Urchs hatte man drei mehr oder weniger große Alphatiere eingestellt, die Konstellation erschien mir etwas schwierig, und mir war nicht ganz klar, wie die Aufgabenteilung funktionieren sollte. Es hieß, Witzigmann und Urchs würden sich um Qualitätsmanagement und das große Ganze kümmern, der eigentliche Küchenchef aber war Fritz Schilling, und das war es, was für mich zählte. Bei ihm wusste ich, woran ich war, und ich hielt nach wie vor große Stücke auf ihn. Allerdings war es für ihn eine große Veränderung, denn im Gourmetrestaurant der Schweizer Stuben hatte er nur für maximal 30 Gäste gekocht, bei Käfer waren es 30 Dutzend, dazu kamen die vielen Gesellschaften. Ich startete mit einem Gehalt von 3200 Mark brutto, das nach drei Monaten auf 3500 erhöht werden sollte. Das war besser als in Wertheim, aber immer noch nicht rosig, vor allem, wenn ich mir überlegte, was die drei Chefs wohl verdienten. Aber ich war immer noch sehr jung und unerfahren in Verhandlungen, mir fehlte einfach ein Mentor, der mir sagt, unter 5000 Mark machst du es einfach nicht, Punkt. Zudem kam auch hier wieder sehr viel Arbeit auf mich zu, und die Umstände waren von Anfang an schwierig. Wir Neuen gerieten mitten in eine Umbruchphase; es gab weder ein gewachsenes Team noch kollegiales Denken und Handeln. Bei Käfer trafen wir auf Köche, die dort zum Teil seit 20 oder 25 Jahren beschäftigt waren und dem neuen Zwei-Sterne-Koch, der ihnen nun vor die Nase gesetzt wurde, mehr als skeptisch begegneten. Von Anfang an war eine negative Stimmung und Abwehrhaltung gegenüber jeder Veränderung spürbar, und die Zusammenarbeit innerhalb der Küche funktionierte nicht gut. Ich kann mich an eine Szene erinnern: Der Fleischkoch briet ein Stück Rinderfilet und gab es dann einfach auf den Teller, obwohl die Beilagen noch nicht fertig waren. Er hatte sich nicht mit dem Entremetier abgestimmt, und als ich ihn darauf ansprach, meinte er, das sei nicht seine Sache. Das war die Einstellung, die dort herrschte. Es hätte einer starken Hand bedurft, um aus all diesen sehr unterschiedlichen Charakteren ein Team zu schweißen, aber das entsprach nicht dem Charakter des feinsinnigen Fritz Schilling.

Mein Glück war, dass ich in München privat einen viel besseren Ausgleich zum Job hatte und mich das Berufliche – zumindest anfangs – nicht so sehr mitnahm. Vor allem fing ich wieder an, intensiv Fußball zu spielen. Nicht professionell natürlich, aber sozusagen halbprofessionell. Der Verein hieß DJK Nord und war der katholischen Kirche angegliedert; dort kickten nur Jugendliche mit Migrationshintergrund. Wenn wir einen Punkt holten, gab es auch Geld – für mich ein super Taschengeld, das ich gut gebrauchen konnte. Zweimal die Woche ging ich zum Training, die Spiele waren meist sonntags, wenn ich frei hatte. Und dann passierte es: Beim Fußball brach ich mir die Mittelhand und war für sechs Wochen krankgeschrieben. Das fiel genau in die Zeit, als bei Käfer umgebaut wurde. Als ich wieder zur Arbeit kam, war alles neu und schick, das gab mir einen positiven Impuls für den Neustart. Noch aus einem anderen Grund werde ich jenen Tag nie vergessen: Ich verliebte mich. Gleich morgens, als ich in die Küche kam, sah ich sie, die Neue in der Pâtisserie. Sie war groß, blond und gefiel mir auf Anhieb. Aber ich war damals noch recht schüchtern, außerdem war ich natürlich ein kleiner Macho und wäre bestimmt nicht von mir aus auf sie zugegangen. Glücklicherweise ergriff sie gleich die Initiative, sie kam herüber und stellte sich vor: «Ich bin die Stephanie.»

Stephanie hatte in einer Münchner Konditorei ihre Lehre gemacht und anschließend in Köln im Domhotel gearbeitet. Wir gingen ein paarmal miteinander aus und merkten sehr schnell: Das passt! Ich kann mich noch erinnern, wie wir einmal sonntags drei Stunden lang telefonierten – sie konnte reden wie ein Buch. Sie machte dann sehr bald Schluss mit ihrem Freund in Köln, ich hörte auf, mit anderen Mädchen auszugehen, und wir wurden ganz offiziell ein Paar. Heute haben wir zwei gemeinsame Söhne. Damals war es für mich ein Glücksfall, dass es mir privat so gut ging, denn in der Küche musste ich, kaum war ich zurück auf dem Posten, wieder Vollgas geben. Käfer war für mich auch insofern eine ganz neue Erfahrung, als es einfach eine Wahnsinnsmaschinerie ist. Wir waren rund 30 Köche, das muss man auch logistisch erst einmal in den Griff kriegen. Schon mittags zählten wir an die hundert Gäste, abends waren es sogar zwischen zwei- und dreihundert. Man kann es nicht anders sagen: Der Laden brummte. Manchmal dachte ich, hier bin ich nicht in einem Restaurant, sondern in einer Fabrik. Unglaublich, was da an Ware verarbeitet wurde! Wir hatten durch das Feinkosthaus und seine Quellen die besten Produkte auf Lager, Kaviar und Trüffel wurden kiloweise eingekauft. An Fischen gab es nur das Beste, vieles noch aus Wildfang. Und dann die vielen exotischen Früchte und Gemüse in der Feinkostabteilung. In dieser Menge, Vielfalt und Qualität habe ich Produkte vorher und nachher nirgends gesehen. Wie viele Hummer jeden Tag durch die Küche gingen, konnte man gar nicht zählen. Es tat mir allerdings oft weh, wenn sich ein Auszubildender aus reiner Ahnungslosigkeit an so einem Prachttier verging. Die edlen Krustentiere wurden zum Teil viel zu lange gekocht; oft juckte es mich in den Fingern, da einzugreifen, aber ich hatte selbst viel zu viel um die Ohren.

Käfer hatte damals, Ende der 1990er Jahre, einen echten Lauf. Fast jeden Abend waren prominente Gäste im Lokal, Schauspieler, Medienleute, Künstler, Unternehmer und natürlich die in München unvermeidlichen Spieler und Vorstände vom FC Bayern München, Uli Hoeneß, Karl-Heinz Rummenigge, auch Mehmet Scholl ließ sich gerne blicken. Man sah bekannte Gesichter an der offenen Küche vorbeigehen: Prinz Poldi, Ernst August von Hannover, Reiner Calmund, Otto Waalkes und natürlich Boris Becker, er wohnte damals gleich um die Ecke. Es wurden auch viele Staatsempfänge ausgerichtet; einmal kam der amerikanische Außenminister mit einer Menge Security. Als der indische Ministerpräsident bei uns zu Gast war, wurde sogar die Prinzregentenstraße abgesperrt. Was in jener Zeit an Geld ausgegeben wurde, war für einen jungen Mann wie mich Wahnsinn. Und man tat bei Käfer alles für die verwöhnten Gäste – ob wir uns in der Küche dafür 14, 16 oder 18 Stunden abrackern mussten, interessierte niemanden. Wenn ein Gast sich eine Seezunge wünschte, im Ganzen gebraten, mit Kartoffeln und Sauce hollandaise, wurde das zubereitet, auch wenn das Gericht gar nicht auf der Karte stand. Dann rannte ein Kellner nach unten in den Feinkostladen, brachte eine Seezunge in die Küche und wir mussten schauen, wo wir Kartoffeln und Hollandaise herzauberten. Manche Kellner arbeiteten schon 20 Jahre dort, sie gehörten sozusagen zum Inventar. Sie kannten natürlich alle Gäste und erfüllten ihnen gerne jeden Wunsch, das war gut fürs Trinkgeld. Wenn der Gast Spaghetti mit Trüffeln bestellte, dann war das Gebot – auch wenn diese Bestellung alle Abläufe in der ohnehin überlasteten Küche durcheinanderbrachte.

In solchen Situationen hätte es einen starken Küchenchef gebraucht, der sich vor sein Team stellt und sagt, dass es so nicht geht. Aber bei uns gab es keine klaren Strukturen; wir hatten einen Küchenchef, der zwar genial kochen konnte, aber in puncto Teamführung wenig Erfahrung hatte. So war immer sehr viel Unruhe in der Küche. Paul Urchs und Eckart Witzigmann waren nach ein paar Monaten wieder weg, das Modell hatte nicht funktioniert. Auch ein paar andere Köche, die Witzigmann geholt hatte, waren bald wieder verschwunden. Glücklicherweise kamen dann auch ein paar wirklich gute Kollegen, die Souveränität in die Küche brachten – zum Beispiel Diethard Urbansky, der später bei Dallmayr zwei Sterne und 18 Gault-&-Millau-Punkte erkochte. Oder Gaby Taubenheim, die spätere langjährige Königshof-Pâtissière; gestandene Leute, mit denen man gut zusammenarbeiten konnte. Aber trotz allem, es fehlte an Strukturen, und es war einfach zu viel Arbeit. Im Winter hatten wir, zusätzlich zum regulären Restaurantbetrieb, oft 15 bis 20 Banketts zusätzlich, also geschlossene Gesellschaften, die eine der vielen Stuben reserviert hatten. Ich arbeitete wie ein Tier, das kann man nicht anders sagen. Und, weil Köche auch untereinander reden, hatte ich längst mitbekommen, dass andere viel besser bezahlt wurden als ich. Mir war klar, dass ich für die harte Arbeit, die vielen Überstunden und die Verantwortung, die ich trug, viel mehr verdienen müsste. Ich hatte ohnehin längst vor, mit Fritz Schilling über das Thema Geld zu sprechen; ein Vorfall in der Küche brachte die Dinge ins Rollen.

Ein älterer Kollege, schon viele Jahre im Haus, beleidigte mich. Ich hatte ihn gebeten, ob ich mir bei ihm kurz eine Zange ausleihen könnte, um Fischgräten zu ziehen. Er antwortete: «Geh' doch zum Bahnhof, wo die Türken sind, und kauf' dir selbst so eine blöde Pinzette.» Da reichte es mir. Ich arbeitete bis zum Umfallen, war unterbezahlt und sollte mich dann auch noch diskriminieren lassen? Es war der Punkt erreicht, an dem ich Fritz Schilling vor die Wahl stellte: Wenn der Kollege nicht zur Verantwortung gezogen würde und ich nicht mehr Geld bekam, dann würde ich gehen. Ich machte de facto den Job eines Junior Souschefs, wurde aber weit unter diesem Niveau bezahlt. Schilling wusste, dass ich recht hatte und dass es mir ernst war. Er machte mich offiziell zum Junior Souschef und bot mir 5000 Mark Gehalt an. Ich pokerte, mir war in dem Moment alles egal, und sagte: «Was, nur 5000 Mark?» Er erhöhte auf 5800 Mark brutto, und ich schlug ein. Schilling nahm auch den Konflikt mit dem Kollegen sehr ernst, berief ein Meeting ein und stellte klar, dass er in seiner Küche keine Diskriminierung dulde. Der Koch, der mich diffamiert hatte, musste sich entschuldigen und bekam eine Abmahnung.

Ich hatte meine Ziele erreicht, und das spornte mich an weiterzumachen. Gemeinsam mit den motivierten Kollegen engagierte ich mich, um die Strukturen zu verbessern und zu stabilisieren. Ich blieb zwei Jahre bei Käfer, und obwohl es keine einfache Phase in meinem Leben war, bin ich doch froh über all die Erfahrungen, die ich dort gemacht habe, positive wie negative. Von vielem profitiere ich bis heute, gerade auch in der Selbständigkeit. In puncto Kochkunst konnte ich zwar aus der Prinzregentenstraße wenig mitnehmen, aber dafür sehr viel, was Organisation, Logistik und Effizienz eines Restaurants angeht. Ich sah großartige Produkte, weil Fritz Schilling, gerade in der Anfangszeit, exzellent einkaufte. Aber ich lernte auch, dass ein Restaurant eben auch ein wirtschaftlicher Betrieb ist. Obwohl wir in der Käfer-Schänke so viel arbeiteten, waren wir nicht sonderlich rentabel. Die Personal- und Warenkosten waren zu hoch. Ich erlebte mit, wie auch ein ehemals gefeierter Zwei-Sterne-Koch Abstriche machen musste; immer öfter stammte dann ein Loup de mer nicht mehr aus dem offenen Meer, sondern aus einem Zuchtbetrieb. Ich lernte, wie wichtig es ist, die Speisekarte regelmäßig zu wechseln, wenn man viele Stammgäste hat, die nicht zweimal das Gleiche essen wollen. Und ich erfuhr, dass man als Koch auch mal Kompromisse machen muss. Wenn man für ein großes Bankett kocht, dann können die Teller nicht so fein ziseliert angerichtet sein wie in einem kleinen Restaurant. Das ist ein Spagat, den man auch als Spitzenkoch beherrschen muss. Wenn ein Lokal, wie es bei Käfer vorkam, am Abend 350 Gäste hat, ist es einfach

Wahnsinn, die Küchencrew mit komplizierten Gerichten oder Extrawünschen zu belasten. Ein Fisch im Salzteig gegart oder eine Ente im Ganzen, die am Tisch tranchiert wird – das sind tolle Sachen, aber ab einer gewissen Gästezahl einfach Harakiri für Köche und Service. Bei Käfer konnte es vorkommen, dass eine Gesellschaft von 25 Personen reservierte und à la carte essen wollte, das heißt, jeder Gast bestellte individuell – für die Küche ist so etwas kaum zu schaffen. Aber bei Käfer war das so, der Gast war dort König.

Wir gaben unser Bestes und manchmal funktionierte es, aber es gab auf Dauer einfach zu viel Unruhe im Haus. Käfer hatte damals de facto drei Chefs: Offiziell wurde es zwar von Michael Käfer geführt, aber sein höchst kreativer Vater Gerd und dessen kaufmännisch ausgeschlafener Bruder Helmut, die das Haus seit den 1960er Jahren aufgebaut und zu dem gemacht hatten, was es ist, waren nach wie vor mit im Boot. Der eine sagte dies, der andere am nächsten Tag das, und man selbst wurde fast verrückt. Dazu kamen die Probleme mit den Kellnern, die auf uns Köche herabsahen und sich als privilegiert empfanden. Eine schwierige Situation. Ich war für den Fischposten zuständig und zerlegte manchmal den ganzen Tag lang einen Fisch nach dem anderen. Ich konnte wirklich keinen Fisch mehr sehen und riechen. Ich werde nie vergessen, wie ich eines Tages nach der Arbeit nach Hause fuhr. Ich hatte an dem Tag um 18 Uhr Schluss gemacht, mir gründlich die Hände gewaschen und mich geduscht. Ich saß in der U-Bahn und las die Zeitung, als mir gegenüber zwei ältere Damen Platz nahmen und plötzlich feststellten: «Komisch, hier riecht es irgendwie nach Fisch.» Ich faltete ganz langsam die Zeitung zusammen und steckte die Hände in die Hosentaschen, damit man nichts mehr roch. Oh Gott, das war mir so peinlich! Irgendwann hast du den Fischgeruch so in den Poren, dass du ihn nicht mehr loswirst. Und zu allem Überfluss bekam ich auch noch Stress mit meiner Freundin, weil ich kaum Zeit für sie hatte.

Es musste etwas passieren.

Bauerngockel und Alis Döner – *Mit 24 Jahren Küchenchef in bester Münchner Lage*

Eines Tages klingelte mein Telefon; Karl Ederer war dran. Wie es seine Art ist, redete er nicht lange um den heißen Brei: Ob wir uns mal treffen könnten? Er habe ein neues Projekt an der Angel, ein Restaurant in der Innenstadt, und würde mich gerne als Küchenchef engagieren. Ich war wie elektrisiert. Zu jenem Zeitpunkt arbeitete ich schon beinahe zwei Jahre bei Käfer, ich hatte dort viel gelernt, aber es juckte mich in den Fingern, etwas Neues anzufangen. Mit meinem früheren Chef hatte ich nach dem Weggang aus seinem Restaurant Glockenbach lose Kontakt gehalten. Wir verstanden uns gut, ich hatte nach wie vor sehr viel Respekt vor ihn. Ich besuchte ihn also im Glockenbach, wir setzten uns ins Hinterzimmer, und er erzählte mir von seinen neuen Plänen. Man hatte ihm eine Top-Location angeboten: Ein großes Restaurant in Bestlage im Herzen der Münchner Geschäftswelt, in einem prachtvollen historischen Bankgebäude an der Kardinal-Faulhaber-Straße, gegenüber vom Bayerischen Hof und direkt neben der damals ganz neuen Luxus-Einkaufspassage «Fünf Höfe», die von den Schweizer Stararchitekten Herzog & de Meuron gestaltet worden war.

Dass Ederer mir den Posten des Küchenchefs in diesem neuen Renommierprojekt vorschlug – er selbst wolle sich, so sagte er mir, weiterhin vor allem um das Glockenbach kümmern, das damals noch einen Stern hatte –, empfand ich als großes Kompliment. Ich war schließlich erst 24 Jahre alt. Trotzdem erbat ich mir ein paar Tage Bedenkzeit; ich wollte das Ganze einfach mal sacken lassen und mir auch die Location ansehen. Dort befand sich zwar alles noch im Rohbau, aber man konnte schon erkennen, dass da ein wunderschöner Raum entstand, sehr großzügig, mit hoher Decke und riesigen Fenstern, durch die bei gutem Wetter viel Sonne hereinfiel. Es lag auf der Hand, dass sich hier eine Riesenchance bot. Ich hatte aber auch ein mulmiges Gefühl, als Küchenchef so jung so viel Verantwortung zu übernehmen. Aber ich wusste, was ich konnte, und hatte mittlerweile mit dem Glockenbach, dem Tantris, den Schweizer Stuben und Käfer eine sehr ansehnliche Vita vorzuweisen. Mir fiel zwar auch wieder ein, dass Karl Ederer als Charakter alles andere als einfach war, aber ich schätzte ihn sehr. Und mein Vorteil war, dass er mir sehr vertraut war. Mir war klar, wie er tickte, welche Ansprüche er an seine Gerichte stellte und welche Einkaufsquellen er nutzte. Also rief ich ihn an und sagte: «Ich kann mir das gut vorstellen.» Wir trafen uns noch einmal, um alles zu besprechen.

Ich fragte ihn, wie er sich das neue Restaurant dachte. Er antwortete nur: «So eine Art Bistro.» Also keine Edelprodukte in der Küche? «Nein, keine Edelprodukte.» Viel mehr war aus ihm erst mal nicht herauszubekommen. Er ist kein Mensch, der stundenlang Konzepte ausarbeitet, sondern eher aus dem Bauch heraus handelt. Mir war klar: Es würde sich alles in der Praxis entwickeln müssen. Immerhin hatte er schon einen Restaurantleiter, Manfred Sinn, der bereits seit einigen Jahren im Glockenbach arbeitete. Für die Küche sollte ein ganz neues Team eingestellt werden, das ich leiten würde. Das Restaurant würde von Montag bis Samstag geöffnet sein, mittags und abends, ein straffes Programm. Da kam eine Riesenaufgabe auf mich zu! Immerhin, das Gehalt stimmte. Aber ein Punkt schien mir sehr wichtig, deshalb hakte ich noch mal nach – die Aufgabenverteilung zwischen uns beiden. Ich wusste ja, wie er ist, dass er sich gerne in alles einmischte, und mir war wichtig, dass die Zuständigkeiten ganz klar geregelt würden:

Ich war Küchenchef. Punkt. Er beruhigte mich, das sei kein Problem, er werde im Glockenbach bleiben, das sei schließlich sein Flaggschiff, und er müsse alles tun, um den Stern zu halten. «Im Ederer bin ich nur Gast» – das waren seine Worte. Ich sollte später noch oft daran zurückdenken!

Ich kündigte also bei Käfer, nicht ohne eine gewisse Wehmut. Es tat mir leid, Fritz Schilling im Stich zu lassen. Auch er bedauerte meine Entscheidung, konnte aber verstehen, dass es mich weiterzog. Ein paar Wochen später stand die Neuheit groß in der Zeitung: Karl Ederer eröffnet ein Restaurant in den Fünf Höfen, und Ali Güngörmüş wird Küchenchef. Ich blieb dann noch ein paar Monate bei Käfer, bis das neue Restaurant in der Kardinal-Faulhaber-Straße fertig war. Es sollte «Ederer» heißen – und das war nicht das einzige Indiz dafür, dass der Chef sich doch nicht so ganz raushalten würde. In die Planung und die Vorbereitungen wurden wir Mitarbeiter jedenfalls nicht mit einbezogen. Er richtete die Küche ein, er entschied, welche Töpfe gekauft wurden und mit welchem Besteck die Gäste essen würden. Das hatte ich mir zwar etwas anders vorgestellt, aber er war nun mal der Geldgeber. Auf der anderen Seite glaubte er an mich und stand felsenfest hinter mir: Noch vor der Eröffnung sprach ihn einer seiner Freunde an, ob er wirklich einen Türken zum Küchenchef seines neuen Restaurants machen wolle. Das muss man sich mal vorstellen – im Jahr 2001! Um mich nicht zu demotivieren, erzählte mir Ederer diese Geschichte erst viel später: «Diese verdammten Rassisten», grantelte er.

Im Februar 2001 eröffnete das neue Restaurant, und es war eine echte Schau! Karl Ederer hatte zwar zunächst einen Architekten und auch jemanden für den Innenausbau engagiert, doch beide funktionierten in der Bauphase nicht so, wie er sich das vorstellte. Also schmiss er sie raus und machte alles selbst. Der Klassiker bei ihm! Aber, das muss man ihm zugestehen, er hatte ein Händchen für so etwas, das Restaurant wurde bildschön. Im Grunde hatte er alles recht schlicht gehalten, um den großartigen Raum für sich wirken zu lassen. Das Besondere daran: Das Ederer war nicht nur ein Restaurant, sondern fast so etwas wie eine Galerie, in der der Chef seine eigene Kunstsammlung ausstellte und auch immer wieder das eine oder andere Stück an einen Gast verkaufte. Ich erinnere mich noch gut, wie ich kurz vor der Eröffnung mit dem Maler Rupprecht Geiger im Restaurant stand und er mir ein Kunstwerk erklärte, das er extra für das Ederer geschaffen hatte. Er war damals schon 94 Jahre alt, ein toller Maler und Mensch. An der größten Wand des Restaurants fiel eine Art Halbmond ins Auge, in den für ihn typischen Rottönen, ein echter Hingucker, der den ganzen Raum dominierte. Man betrat das Restaurant und dachte: «Wow, was ist das denn?»

Genauso hatte Ederer sich das vorgestellt: Er wollte das Restaurant nicht nur über die Kulinarik definieren, sondern auch über die Kunst. Bekannte Persönlichkeiten, große namhafte Künstler sollten hier zu sehen sein, das war sein Traum. Als Vorbild diente ihm das berühmte Restaurant Kronenhalle in Zürich, wo Originale von Joan Miró, Pablo Picasso, Paul Cézanne, Claude Monet, Georges Braque, Paul Klee und vielen anderen großen Malern die Wände schmücken. Unser «Eröffnungswerk» von Rupprecht Geiger ging irgendwann in ein Museum. Ebenfalls international bekannt war Günther Uecker, ein Maler und Objektkünstler, der mit seinen reliefartigen Nagelbildern von sich reden machte. Ein solches Nagelkunstwerk hing eine Zeitlang auch bei uns im Restaurant. Für mich war das Thema zeitgenössische Kunst absolutes Neuland, aber ich fand es spannend, und als jungen Koch beeindruckte es mich sehr, dass so bekannte Künstler bei uns zu sehen waren.

Bald hatte ich allerdings keinen Blick mehr für die Kunst, sondern war mit anderen Dingen voll ausgelastet. Das Restaurant lief vom Start weg unglaublich gut, und das blieb auch konstant so. Wir waren mittags und abends voll besetzt; vor allem das Mittagsgeschäft lief wie geschmiert. Rund um uns herum wurde noch gebaut, und um aus dieser Not eine Tugend zu machen, kam Ederer auf die Idee, mittags ein günstiges «Baustellenmenü» mit drei Gängen anzubieten – da gab es zum Beispiel vorneweg einen Salat mit mariniertem Fisch, danach Wachtel mit gebratenen Steinpilzen und zum süßen Abschluss eine Crème caramel. Wir hatten sehr viele Gäste aus den umliegenden Büros und Kanzleien. Die Münchner City hatte sich, wie viele andere deutsche Innenstädte zu jener Zeit, lange als kulinarische Wüste präsentiert, eine Situation, von der wir nun profitierten. Abends kamen viele Gäste aus den umliegenden Hotels. Die Münchner gingen damals nur selten in der Innenstadt essen; sie blieben eher in ihren Vierteln und besuchten dort ihren Lieblingsitaliener oder -griechen. Auch bekannte Restaurants wie Tantris, Käfer oder Acquarello lagen ja abseits der City.

In diesem Umfeld schlug das neue Ederer, nur einen Steinwurf von Marienplatz, Stachus und Hofgarten entfernt, gewaltig ein. Wir hatten einen Lauf – nicht zuletzt auch deshalb, weil viele namhafte Persönlichkeiten bei uns verkehrten, von Boris Becker über Spieler des FC Bayern München bis zu Leo Kirch, der damals noch über einen der größten deutschen Medienkonzerne herrschte. Er hatte sein Büro schräg gegenüber und kam jeden Mittag zum Essen, meist in größerer Runde. Das war für die anderen Gäste immer eine Schau, wenn er einlief; so etwas zieht natürlich. Auch Rudolph «Mosi» Moshammer zählte zu den Stammgästen samt seinem legendären Schoßhündchen Daisy. Für sie bestellte er immer Lammrücken, medium gebraten und kleingeschnitten. Beim ersten Mal schnitten wir das Lamm in Würfel, er aber ließ den Teller zurück in die Küche gehen, das Fleisch solle kleiner geschnitten werden: «Die Daisy ist eine Lady und keine Bulldogge.» Uns Köche machte es natürlich stolz, dass so viele prominente Gäste unsere Arbeit schätzten. Das hatte schon was, das gab uns Feuer.

Oktopus mit Auberginen-Granatapfel-Salat

Karl Ederer galt lange als einer der besten Fischköche in Deutschland. Die vielbeinigen Kraken waren aus seinem Repertoire nicht wegzudenken. Ich lernte sie einst bei ihm im Gasthaus Glockenbach kennen, bis dahin kannte ich sie nur aus dem Fernsehen, bei uns zu Hause kam so etwas nicht auf den Tisch. Nachdem ich bei Ederer gelernt hatte, wie man die Tiere butterzart gart, wurde Oktopus zu einem meiner Lieblingsprodukte. Heute aromatisiere ich ihn gern mit Koriander oder der Gewürzmischung Vadouvan. Oder ich serviere ihn wie hier mit einem orientalisch angehauchten Auberginen-Granatapfel-Salat. Planen Sie für das Kochen des Pulpos an die zwei Stunden ein (kann auch schon am Vortag erledigt werden).

Pulpo

1 Bund Suppengrün
1 TL Fenchelsamen
1/2 TL getrockneter Rosmarin
1/2 TL getrockneter Thymian
1 Knoblauchzehe
1 küchenfertiger Pulpo (ca. 500 g)
100 g Butter
1 Zitrone

Salat

4 Auberginen
1 Knoblauchzehe
1 Zweig Rosmarin

1 Zweig Thymian
50 ml Olivenöl
2 EL weißer Balsamico-Essig
150 g Granatapfelkerne

Salz, Pfeffer, Zucker

Das Suppengrün grob klein schneiden, in einen Topf mit 5 Litern Salzwasser geben und zum Kochen bringen. Fenchelsamen, Thymian, Rosmarin und die geschälte, halbierte Knoblauchzehe ins kochende Wasser geben. Den Oktopus in den kochenden Sud legen und zwei Stunden ziehen lassen.

Die Zitrone auspressen. Den fertigen Pulpo aus dem Sud nehmen und abkühlen lassen. Die Arme abschneiden und putzen, anschließend in einer großen Pfanne in schäumender Butter braten. Mit Salz, Pfeffer und Zitronensaft würzen.

Den Backofen auf 160° vorheizen. Die Aubergine der Länge nach halbieren, auf der Fleischseite in Rautenform einritzen und mit der Schnittseite nach unten auf ein Backblech legen. Rosmarin, Thymian und den feingehackten Knoblauch ebenfalls auf dem Blech verteilen, mit Olivenöl beträufeln und 30 Minuten lang im Ofen schmoren.

Wenn die Auberginen gar sind, mit einem Löffel das Fleisch herauskratzen, grob hacken und den Balsamico-Essig hinzufügen. Granatapfelkerne dazugeben und mit Salz, Pfeffer und Zucker abschmecken. Mit Weißbrot servieren.

Dennoch zeigte sich schon bald, dass für mich die Zusammenarbeit mit Karl Ederer alles andere als leicht war. Er schaffte es einfach nicht, mich machen zu lassen und sich zurückzuhalten. Es ist immer eine schwierige Situation, wenn der Chef und Inhaber selbst Koch ist, ein sehr guter Koch noch dazu, und der Küchenchef andererseits als ehrgeiziger junger Mann selbst nach vorn drängt. Ederers Problem war, dass er mir nicht klar sagen konnte, was er als meine Aufgabe ansah und was nicht.

Ich musste mich damit abfinden: Die Handschrift der Küche war nicht meine, sie war von Karl Ederer geprägt. Etliche Gerichte auf der Karte kannten die Gäste schon aus dem Glockenbach, sie waren das, was man heute «Signature Dishes» nennt. Zum Beispiel der «Bauerngockel von der Hobmeierin», das Herrmannsdorfer Schweinskotelett mit schwarzem Trüffel oder das zweiteilig servierte Bayerwald-Lamm (gebratener Rücken, geschmorte Schulter) mit Artischocken und Olivengnocchi. Klar, ich versuchte, mich einzubringen und gewisse Einflüsse aus meiner Zeit im Tantris, in den Schweizer Stuben und bei Käfer kamen sicher zum Tragen. Ich bemühte mich, ein bisschen neue, jüngere Finesse einzubringen, etwas anders anzurichten. Eigene Akzente konnte ich vor allem bei Vorspeisen und Fischgerichten setzen, zum Beispiel beim Artischockenrisotto mit Lammfilet, beim in Weißwein-Zwiebel-Sud gar gezogenen Piemonteser Aal, serviert mit Gnocchi und Pinienkernen, oder beim zur gegrillten Dorade gereichten Peperonirisotto mit Tomaten-Pesto-Nage. Der Chef gestand mir sogar zu, ein Gericht nach mir zu benennen: «Alis Döner», eine verfeinerte Version des Originals, wurde zum Lieblingsgericht vieler Stammgäste.

Ein schwieriges Thema war der Einkauf. Normalerweise entscheidet der Küchenchef, welche Produkte er bei welchen Lieferanten einkauft. Aber da hatte ich schlechte Karten. Karl Ederer kaufte selbst ein, was er für richtig hielt, basta. Ab und zu durfte ich auch mal etwas bestellen, aber den Großteil organisierte er, ganz gleich, ob Gemüse, Fleisch oder Fisch. Ich wusste wohl, dass jeder Patron beim

Einkauf viel Geld sparen oder verlieren kann und deshalb sehr darauf achtet, aber manchmal fragte ich mich schon: Was machst du hier eigentlich? Wir arbeiteten sehr viel mit Produkten der Herrmannsdorfer Landwerkstätten im oberbayerischen Glonn, die von Karl Ludwig Schweisfurth aufgebaut wurden und heute als Pionierbetrieb für natürliche, artgerechte und nachhaltige Lebensmittelproduktion gelten. Seit 1993 führte Ederer dort neben seinem Engagement im Münchner Glockenbach auch das Bio-Restaurant «Wirtshaus zum Schweinsbräu». Gegen die Produkte aus Herrmannsdorf war ja gar nichts zu sagen, aber ich fand es trotzdem nicht motivierend, wenn mittags plötzlich irgendein Stück Fleisch in der Küche lag, das ich nicht bestellt hatte, aber nun verarbeiten sollte.

Trotz all dieser Schwierigkeiten blieb die Stimmung zwischen uns anfangs gut, und es war im Prinzip alles in Ordnung – das Restaurant lief bestens. Für mich ist es von jeher ein Prinzip, dass ich meinen Arbeitgebern gegenüber immer loyal bin. Sehr loyal sogar. Egal, an welchem Herd ich stehe, ich sehe mich als Teil eines Ganzen. Ich engagiere mich so, als sei es mein eigener Laden. Aber das war das Ederer nun mal nicht, und das machte sich bemerkbar, wenn es Spannungen unter dem Personal gab. Mit dem Restaurantleiter verstand ich mich grundsätzlich gut. Aber wenn es Ärger zwischen Service und Küche gab, ergriff er natürlich Partei für seine Kellner und ich für meine Köche. Es fehlte ein Geschäftsführer, der hätte schlichten können. Dadurch kam es immer wieder zu Reibereien.

Glücklicherweise gab es schon nach einigen Monaten die erste richtig gute Kritik, in der Rubrik «Kostprobe» der *Süddeutschen Zeitung*. Eine großartige Anerkennung, die sehr viel Auftrieb gab.

Mir tat das sehr gut, weil es eine Bestätigung war, dass das, was ich machte, gut ankam. Auch Karl Ederer freute sich sehr über diese tolle Kritik. «Das müssen wir feiern, ich gebe einen aus», sagte er und lud uns alle nach Feierabend in eine Bar ein. Er hielt sogar eine kleine Dankesrede an die versammelte Mannschaft und sagte, das sei ein Superstart, auf dem sich jetzt aufbauen ließe.

Leider hielten die Spannungen zwischen Service und Küche weiter an. Das ist generell ein Problem in der Gastronomie, auch heute noch: Wenn ein Restaurant auf Dauer gut ausgelastet ist, wird das Personal arrogant – vielleicht nur unbewusst. Der Laden läuft ja eh! Aber diese Haltung ist falsch, grundfalsch.

Mir fiel immer häufiger auf, dass einige Mitarbeiter einfach nicht die richtige Einstellung hatten. Ich mischte mich auch zunehmend ein, wenn ich so etwas bemerkte, und es gab immer häufiger Reibereien, bis es dann irgendwann zwischen mir und einer Servicekraft eskalierte. Da sprach ich Karl Ederer an: «Das geht so nicht, ich muss mal mit Ihnen reden.» Wir setzten uns zusammen, und ich erklärte ihm meine Sicht der Dinge: «Wir brauchen Führungskräfte, Leute, die an das Projekt glauben. Nur weil wir jetzt ein paar Monate lang gut ausgebucht sind, heißt das nicht, dass es auf Dauer funktionieren wird. Wir müssen alle an einem Strang ziehen.»

Das traf einen Nerv bei ihm; er sagte spontan, ich solle doch in Zukunft die Führung übernehmen. Das war eigentlich gar nicht meine Absicht gewesen, ich wollte nur, dass alles gut läuft, ich in Ruhe kochen kann und die Gäste zufrieden sind. Im Grunde hatte ich mit der Küche genug zu tun – aber wenn er der Meinung war, ich solle mehr Verantwortung übernehmen, dann würde ich das tun. Ich wollte ihm aber auch signalisieren, dass meine Ambitionen noch weiter reichten, ich mich irgendwann einmal selbständig machen wollte. Deshalb setzte ich nach: «Herr Ederer, ich bin zwar erst 24, aber wenn Sie irgendwann mal hier einen Juniorpartner suchen und Anteile verkaufen wollen, dann wäre ich interessiert.»

Damit hatte er wohl nicht gerechnet; sein Gesichtsausdruck veränderte sich, ich konnte seine Mimik nicht deuten. Er antwortete nur: «Ah ja, okay.» Sonst nichts. Er kam auch nicht mehr darauf zurück, aber das war für mich kein Problem. Ich war noch jung und in dieser Hinsicht völlig entspannt.

Ich hatte seit der Eröffnung ein gutes halbes Jahr durchgearbeitet – es fühlte sich mindestens doppelt so lange an. Ich brauchte dringend Urlaub. Im August, einem Monat, der in München wegen der Sommerferien sowieso geschäftlich schwach ist, wollte ich mit meiner Freundin vier Wochen nach Mexiko und in die USA fliegen, eine kleine Auszeit nehmen. Ich wusste, dass ich mir das erlauben konnte, denn ich hatte ein gutes Team zusammengestellt, auf das ich mich verlassen konnte. Wir waren alle jung und motiviert und harmonierten sehr gut. Einige Kollegen hatte ich von Käfer mitgebracht, unter anderem meinen Souschef und die Pâtissière, zwei wichtige Positionen in einer Küche. Wir waren wirklich aufeinander eingeschworen. Es war abgesprochen, dass Karl Ederer mich in den vier Wochen meiner Abwesenheit als Küchenchef vertreten würde. Nie im Leben hätte ich mir vorstellen können, was dann passierte: Als ich aus dem Urlaub zurückkam, nahm mich unser Restaurantleiter beiseite und sagte, dass es im Team plötzlich gekracht habe. Von meinen sechs Köchen seien drei gegangen und von denen, die noch da seien, wolle einer ebenfalls kündigen. Ich war fassungslos; innerhalb von wenigen Augenblicken war meine gesamte Erholung dahin. Ich redete mit meinen Leuten, wollte wissen, was passiert sei. Zum Glück schaffte ich es, dass mir wenigstens die drei restlichen erhalten blieben.

Schon vor dem Urlaub hatte ich in puncto Personal eine sehr bittere Pille schlucken müssen. Ich hatte auf Wunsch von Karl Ederer unsere Pâtissière und einen Koch entlassen müssen. Die wahren Hintergründe für diese Personalentscheidungen wurden mir nie klar. Die Pâtissière und der Koch waren beide gut, aber eben meine Leute. Ich empfand das Ganze als echten Genickbruch, schließlich stellte es auch meine Position im Restaurant in Frage. Es war eine Art persönlicher Niederlage, dass ich meinen eigenen Leuten, die fachlich gut und mir gegenüber immer loyal gewesen waren, kündigen musste – es nahm mich einfach mit. Ich bin ein sehr sozialer und harmoniebedürftiger Mensch und möchte immer, dass es allen gut geht. Sonst kann man in diesem Job, in dem man ohnehin tagtäglich unter großem Druck steht, nicht funktionieren. Immerhin, die Sache mit Gabi Taubenheim, der Pâtissière, konnte ich ins Gute wenden. Ich versprach, ihr zu helfen und bot ihr an, Hans Haas anzurufen, ob er nicht einen Job für sie im Tantris habe. Sie saß neben mir, als ich seine Nummer wählte. Ich sagte Hans, ich hätte eine tolle Pâtissière für ihn; er hörte sich alles an, meinte, er würde sich Gedanken machen und rief tatsächlich nach weniger als vier Wochen zurück und zeigte Interesse. Gabi bekam einen Vorstellungstermin und blieb etliche Jahre im Tantris; sie brachte es dort bis zur Chef-Pâtissière.

Für mich dagegen gestaltete sich die Situation nach meiner verhagelten Rückkehr aus dem Urlaub schwierig. Karl Ederer war der Meinung, wir würden in der Küche zu hohe Kosten verursachen, mit zu viel Alkohol kochen, mit zu viel Zucker – und die Mitarbeiter, die gegangen seien, hätten sowieso nichts getaugt. Aber diese internen Querelen waren nicht alles. Die Geschäftslage in der Gastronomie ist ja immer auch ein Seismograph der allgemeinen gesellschaftlichen Stimmung, und die ließ schwierige Zeiten erwarten. Kaum war ich aus dem Urlaub zurück, wurden am 11. September 2001 die entsetzlichen Attentate auf das World Trade Center verübt. Den Abend werde ich nie vergessen. Wir hatten ohnehin wenige Reservierungen gehabt, nur etwa 20 Gäste. Bis auf drei sagten alle ab. Das ging dann über mehrere Wochen so: Wirtschaftskrise, 11. September, die darauffolgenden Bombardements der Amerikaner im Nahen Osten – es waren unruhige Zeiten, schlecht fürs Geschäft.

Trotz allem: Das erste Jahr war insgesamt gut gelaufen, das wussten wir Mitarbeiter, und Karl Ederer war sehr zufrieden. Das einzige Manko des Restaurants war anfangs, dass es keine Terrasse hatte – die wurde erst zwei Jahre später eröffnet, weil die Arbeiten rund um die fünf Höfe blockweise fertiggestellt wurden und wir da keinen Einfluss hatten. Keine Terrasse – das ist in der Gastronomie ein Problem, weil die Gäste im Sommer draußen sitzen wollen. Also gingen sie lieber in den Biergarten als zu uns, aber das konnten wir mit einem phänomenalen Weihnachtsgeschäft leicht wieder aufholen.

Was allerdings zunehmend zum Problem wurde: Je besser wir liefen, desto mehr litt das Geschäft im Glockenbach. Offenbar wanderten viele Gäste von dort zu uns ab, obwohl uns nicht ganz klar war, woran das lag. Dazu kam, dass Karl Ederer selbst immer öfter im Lokal war, vor allem mittags. Und so gewöhnten sich die Gäste daran, ihn hier zu sehen statt im Glockenbach. Natürlich war auch unsere Lage viel besser als die in der wenig attraktiven Kapuzinerstraße, die zudem nicht gerade durch die Innenstadt führt. Das Glockenbach musste man gezielt aufsuchen, bei uns konnte man nach dem Shopping noch kurz reinschauen. Woran auch immer es lag: Das Geschäft im Glockenbach wurde immer magerer und Karl Ederers Laune immer schlechter.

Die Umstellung auf den Euro am 1. Januar 2002 hatte für die Gastronomie gravierende Auswirkungen. Die ersten paar Monate des Jahres machte sich das bei uns noch nicht so bemerkbar; das Geschäft war nach wie vor gut. Aber ab April, Mai gab es plötzlich einen Einbruch, wie überall in der Gastronomie. Zu diesem Zeitpunkt wurde den Menschen bewusst, dass mit dem Euro vielerorts eine versteckte Preiserhöhung einhergegangen war. Zunächst hatten die Gäste das Gefühl, die Preise seien gesunken – der Fisch kostete plötzlich nicht mehr 35 Mark, sondern 28 Euro. Das hörte sich erst mal gut an. Aber als sie nach einigen Wochen anfingen, genauer nachzurechnen, brach das Geschäft ein. Das bekamen auch wir zu spüren. Die Menschen begannen zu sparen, nicht zuletzt beim Essengehen.

In diesem zweiten Jahr veränderte sich auch die Stimmung hinter den Kulissen. Man hörte nun immer wieder Gerüchte, Karl Ederer wolle das Glockenbach aufgeben. Und tatsächlich sprach er mich eines Tages an und sagte: «Du wolltest dich doch selbständig machen. Wenn du möchtest, kannst du das Glockenbach übernehmen.» Nun hatte ich zwar weder Abitur noch Studium und von Betriebswirtschaft wusste ich nicht allzu viel, aber selbst ich konnte mir zusammenreimen, dass das keine gute Idee gewesen wäre. Klar, es war ein traditionsreiches Lokal, aber die Lage war nicht optimal, es hatte keinen Garten, keine Terrasse, keine Parkplätze – und ohnehin hätte ich damals nicht das Geld für die Ablöse aufbringen können. Ich lehnte also dankend ab. Aber mir war auch klar, dass wir beide bei allem Respekt auf Dauer hinter dem gleichen Herd aneinandergeraten würden. Immerhin hatte ich auch etwas zu verlieren: Wir hatten uns gleich im ersten Jahr 15 Punkte im Gault & Millau erkocht, darauf waren wir stolz, und das wollte ich nicht aufs Spiel setzen – es ging auch um meinen Ruf.

Und mir wurde klar: Es ist Zeit, zu gehen.

Döner de luxe und Mick Jagger – *Verantwortung für 700 Gäste und 24 Köche*

Bevor ich mir genauere Gedanken über meine Zukunft machen konnte, kam ein Anruf von Fritz Schilling. Ob ich Lust auf eine neue Aufgabe in München hätte? Das Lenbach suche einen Küchenchef, und er habe mich vorgeschlagen. Ich war perplex: «Das Lenbach? Das ist doch eine Maschinerie! Wie soll ich denn das machen?» Mit meinen 26 Jahren hätte ich mir alles Mögliche vorstellen können, aber nicht solch einen Riesenladen. Am Lenbach schieden sich damals die Geister. Bei seiner Eröffnung 1997 machte es vor allem durch die spektakuläre Innenarchitektur des Londoner Stardesigners Terence Conran von sich reden. Nach dem Motto «Die sieben Todsünden» hatte er die Räumlichkeiten in dem neobarocken Bau, Teil des prächtigen Palais Bernheimer am Lenbachplatz, opulent ausgestaltet. Es war ein Lokal von Weltstadtformat, wie es München vorher nicht kannte. Gigantisch dimensioniert, stylish und lässig, vom Ambiente her mehr wie ein Club als ein Restaurant. Die hohe Decke im original erhaltenen Spiegelsaal zierte reichlich Stuck, mächtige Säulen rahmten einen von unten blau beleuchteten Laufsteg ein, den Conran längs durch den Raum gebaut hatte. Eine Art Catwalk – jeder Gast hatte einen großen Auftritt, bis er seinen Tisch erreichte.

In der Gastroszene hatte das Lenbach keinen allzu guten Ruf. Seit der Eröffnung gaben sich dort die Küchenchefs die Klinke in die Hand. Zu dem Zeitpunkt, als ich ins Spiel kam, war gerade Stefan Marquard auf dem Absprung, der sich als Teil der *Jungen Wilden* verstand, einer damals aufsehenerregenden Köchegruppe. Er hatte für viel Aufmerksamkeit gesorgt, weil er in der Küche laut Punkrock hörte und auf seiner Speisekarte Kreationen wie Kraken-Schaschlik oder Bananen-Blutwurst-Pesto standen. Eine völlig andere Welt als das Ederer, wo ich mich vom Küchenstil her sehr zu Hause fühlte. Aber ich wusste: In den Fünf Höfen würde ich keine Zukunft haben, weil der Chef eher früher als später selbst übernehmen wollen würde. Also beschloss ich, mir das Lenbach wenigstens einmal anzusehen – ich hatte nichts zu verlieren. Betrieben wurde es von Peter Schmuck, einem aus der Boulevardpresse bekannten Gastronomen, der damals auch noch das bayerische Wirtshaus «Dürnbräu» führte. Er empfing mich sehr freundlich zum Vorstellungsgespräch, auch seine Geschäftsführerin saß mit dabei. Stefan Marquard führte mich durch die Küche und stellte mir das Team vor. Er begrüßte mich als seinen Nachfolger, doch ich wehrte ab und sagte: «Ich schau' mir das nur mal an.» Mir kam es so vor, als ob mich das Küchenteam taxierte; vielleicht dachten sie: Das ist also das nächste Opfer, viel zu jung, der wird das keine drei Monate aushalten …

Wir redeten auch über das Finanzielle, und Schmuck war überrascht, wie gut ich bei Karl Ederer verdiente. Er betonte, er habe noch andere Kandidaten im Rennen, machte mir aber ein faires Angebot. Ich wollte es mir überlegen. Nach zwei Wochen rief Schmuck an: «Hast du schon mit dem Karl geredet?» Ich erwiderte: «Nein, warum sollte ich?» Er würde es gerne mit mir versuchen, meinte er. Ich unterschrieb den Vertrag, machte ihm aber klar, dass ich nicht sofort kommen könne, sondern erst, wenn Ederer meine Nachfolge geregelt habe und auf mich verzichten könne. Zurück in der Kardinal-Faulhaber-Straße bat ich meinen Noch-Chef um ein Gespräch. Wir setzten uns mitten ins Restaurant und ich erklärte ihm, dass ich es in Anbetracht der Entwicklungen im Glockenbach und im Ederer für besser hielte, zu gehen. Er nickte: «Ja, das verstehe ich. Der Laden hier reicht eben nicht für zwei.» Wir trennten uns im Guten, und ich glaube, wir waren beide erleichtert darüber. Meine Entscheidung kam ihm gelegen, denn nun konnte er das Glockenbach endgültig aufgeben und selbst die Küche in den Fünf Höfen übernehmen.

Ich war traurig, dieses schöne Restaurant nach gut zwei Jahren schon wieder zu verlassen; so hatte ich für mich nicht geplant. Aber die Umstände ließen sich nicht ändern – und wer weiß: Wäre ich länger dortgeblieben, hätte ich vielleicht nicht so viel für mich selbst erreicht, stünde heute nicht da, wo ich bin. Im Leben hat alles immer seinen Sinn. Aber aus heutiger Sicht weiß ich auch: Ich habe dieses Restaurant nie vergessen; es hatte schon damals einen festen Platz in meinem Herzen. Irgendwann einmal, das ahnte ich vielleicht schon, würde dieses Restaurant meines sein. Ich hatte Ederer mein Interesse schon signalisiert, und beim Abschied bekräftigte ich es noch einmal. Viel später sollte er sich daran erinnern. Aber noch war es nicht so weit.

Im Mai 2003 fing ich im Lenbach an. Es lag zwar nur ein paar hundert Meter von meinem bisherigen Arbeitsplatz entfernt – war aber eine andere Welt. Mir verschlug es erst einmal den Atem, als mir klarwurde, mit welchen Dimensionen ich es hier zu tun hatte: 320 Sitzplätze im Restaurant, dazu ein Saal für Veranstaltungen im ersten Stock, der weitere 180 Gäste fasste, außerdem die Bar und das Foyer mit insgesamt fast 200 Sitzplätzen. Wahnsinn! Zur regulären Karte bot man noch Thai-Küche und Sushi an, außerdem wurde für die vielen Events jede Menge Bankett gekocht. Alleine dafür hätte man einen eigenen Küchenchef gebraucht. Bankett, Bankett, Bankett – eigentlich lebte der Laden von nichts anderem. Glücklicherweise kam mein Souschef von Ederer mit, so hatte ich wenigstens einen Verbündeten.

Schwer schlucken musste ich auch, als ich die Preise auf der Mittagskarte sah. Da standen ausschließlich schnelle Gerichte, preislich zwischen 6 und 13 Euro angesiedelt. Schrieb man ein Gericht für 15 Euro auf die Karte, hielt das die Geschäftsführung für zu teuer, und es wurde gleich wieder gestrichen. Es gab ein sogenanntes Minutengericht für unter 7 Euro, zum Beispiel ein Hühnercurry mit Reis, das warm gehalten und sofort serviert wurde, sobald der Gast sich gesetzt hatte. Ich war fassungslos. Da stand ich nun mit meiner Vergangenheit in namhaften Sterne-Restaurants und sollte ein Minutengericht verantworten, das wie in der Kantine aus einem großen Topf auf den Teller geschöpft wurde. Ich wollte das abschaffen – keine Chance. Und tatsächlich bestellten zu meinem Erstaunen jeden Mittag 20 bis 30 Gäste dieses Fastfood. Da ging es nur um den Preis, nicht ums Kulinarische. Und mir kamen Zweifel, ob meine Entscheidung richtig gewesen war. War das wirklich mein Weg?

An meinem zweiten oder dritten Arbeitstag fiel es mir wie Schuppen von den Augen. Wir waren mitten im Mittagsservice, total im Stress. Es gab zu wenig Personal, nur ein paar Köche waren da, die Geschäftsführerin musste selbst im Service mit anpacken. Ich schuftete in der Küche und war gerade dabei, eine Soße abzupassieren, die wir angesetzt hatten. Da rauschte sie herein und stauchte aus heiterem Himmel einen meiner Köche zusammen. Ich traute meinen Augen und Ohren nicht – wo war ich da bloß hingeraten? In diesem Moment schaffte ich es einfach nicht mehr, mich zu beherrschen. Ich begann zu lachen und konnte nicht mehr aufhören. Ich kniete mit meinem Topf auf den Küchenboden, hinter dem Pass, wo mich niemand sehen konnte, und lachte und lachte. Es war eine Art hysterischer Lachanfall, die reine Verzweiflung. Ich musste einfach Druck ablassen. Ich lachte bestimmt fünf Minuten lang und schüttelte immer wieder ungläubig den Kopf: Wo bin ich hier nur gelandet? Was für ein Chaos!

Am liebsten wäre ich sofort hoch ins Büro gestürmt, hätte gekündigt und wäre nach Hause gegangen. Aber ich sagte mir: Du kannst jetzt nicht das Handtuch werfen. Das wäre eine Niederlage. Du musst dem Ganzen wenigstens eine Chance geben. Zu diesem Zeitpunkt hatte ich in der Münchner Gastroszene schon einen Namen – und wie hätte das vor den Kollegen ausgesehen, wenn ich kapituliert hätte. Also stand ich irgendwann wieder auf und machte einfach weiter. Ich wusste, dass ich hier ganz anders in die Gänge kommen musste. Zack, zack, das Mittagessen durchjagen. Mein verzweifeltes Lachen hatte nicht zuletzt mit nackter Angst zu tun, Angst vor dem, was da auf mich zukam. Bei Ederer hatte ich alles immer gut organisieren können, es kamen ja nie mehr als 40 oder 50 Gäste. Ganz anders im Lenbach: Wenn wir 100 Gäste hatten, war quasi nichts los. Während eines Ärztekongresses mussten zwischen 700 und 800 Gäste mit einem Menü bekocht werden. Wir bauten eigens dafür mehrere Küchen auf. Natürlich brachte so etwas Geld; an manchen Tagen machten wir an die 80 000 Euro Umsatz.

Für mich waren solche Dimensionen neu, und sie beeinflussten auch mein Aufgabengebiet. Ich führte 24 Köche, musste Dienstpläne schreiben, Personalgespräche führen. Und ich hatte einen bestimmten Kostenrahmen für den Wareneinkauf einzuhalten; für mich Neuland, denn ich war bislang in erster Linie Koch und kein Unternehmer gewesen. Aber nun musste ich mich mit Themen wie Logistik und Einkauf beschäftigen, trug wirtschaftliche Verantwortung und hatte einen knallharten Vertrag, in dem der Wareneinsatz, also der Kostenrahmen für den Einkauf, festgelegt war. Das engte mich ein und erzeugte zusätzlichen Druck. Man kann das schon schaffen, indem man zum Beispiel mehr Vegetarisches anbietet. Aber auf der Karte sollten auch Rinderfilet oder Roastbeef beeindrucken; es war ein ständiger Kampf. Plötzlich saß ich im Büro, telefonierte mit Lieferanten und versuchte, das Kilo Rinderfilet von 30 auf 29 Euro herunterzuhandeln, weil ich ja nicht nur 20 Kilo, sondern gleich 60 abnahm. Ich musste mich daran gewöhnen, in solchen Maßstäben zu denken.

Was den Küchenstil anging, tat ich mich unter diesen Umständen nicht ganz leicht. Mein Vorgänger Stefan Marquard hatte recht extravagant gekocht; zudem galt hier, ähnlich wie ich es schon bei Käfer erlebt hatte: Was der Gast will, das bekommt er auch. Wenn wir ein tolles Gericht mit Steinbutt auf der Karte hatten und ein Gast wollte dazu partout Wasabi oder Sojasoße haben, obwohl das aromatisch überhaupt nicht passte, dann bekam er das. Das störte mich schon in meinem Selbstverständnis als kreativer Koch. Auch durch den enormen Preisdruck fühlte ich mich sehr eingeschränkt; ich konnte nicht mehr aus dem Vollen schöpfen. Es war eine Herausforderung, in diesem Umfeld einen eigenen Stil zu entwickeln – denn das wurde von mir erwartet. Wie aber konnte solch ein eigener Lenbach-Stil aussehen? Ich hatte es hier weniger mit Gourmets zu tun; wir waren ein Szenerestaurant. Es kamen viele junge Leute oder solche, die sich dafür hielten, auch mal der klassische Sugardaddy mit seiner 30 Jahre jüngeren Freundin.

Viele Gäste suchten in diesem Rahmen nichts anderes als die damals gerade in Mode gekommenen Sushi und Sashimi, Rotes Thai-Curry, Wok-Gemüse auf Duftreis oder ein gutes Wiener Schnitzel. All das boten wir an, aber mein persönlicher Ehrgeiz ging in eine andere Richtung. Meine eigene kulinarische Handschrift, die sich in den zwei Jahren im Lenbach zu entwickeln begann, führte eindeutig in Richtung Mittelmeer; auch der eine oder andere orientalische Einfluss kam damals schon zum Tragen. Meinen Gästen servierte ich Sardine mit Kräuterkruste auf Baguette mit Tomatencoulis, an der Gräte gebratenen Seeteufel mit Limonensauce oder Lammkoteletts («mit 1001 Aromen gebraten», so beschrieben es die Kritiker des Restaurantführers Gault & Millau) mit Auberginenpüree. Meine Kreativität konnte ich in Gerichten ausleben wie Lasagne von geröstetem Schwarzbrot und geräucherter Entenbrust mit grüner Apfelsauce, Lachscarpaccio mit Petersilienöl und Kopfsalatherzen, Jakobsmuscheln an der Zimtstange auf kräftig-säuerlichem Kürbis mit Dill oder Steinbutt auf grünen Bohnen mit Zwiebelmousse in hauchdünnem Yufkateig und

Orangen-Kalbs-Jus. Und zum süßen Abschluss gab es mit Walnusssabayon gratinierte Kirschen mit Joghurt-Honig-Eis. Stadtbekannt aber wurde wohl mein «Döner de luxe», ein sehr plakatives Gericht.

Schon im Restaurant Ederer hatte ich eine Art Edelversion des Döners serviert, jetzt entwickelte ich die Idee noch weiter: Das Brötchen war selbst gebacken, wir belegten es mit feinstem Rinderfilet in Bioqualität, das ich in Herrmannsdorf bestellte. Dazu kamen schwarze Trüffel, Gänseleber, Salatgarnitur und serviert wurde das Ganze mit zwei Dips. Nicht kleckern, sondern klotzen – das war das Motto dieser Kreation. Ein anderer Renner war das Lenbach-Schnitzel, das ich entwickelt hatte, weil Peter Schmuck unbedingt ein Schnitzel auf der Karte haben wollte und ich wiederum den Anspruch hatte, den Gästen auch da etwas Besonderes zu bieten: Es war ein «Dreierlei» vom Schnitzel, der Kalbsrücken in dreierlei Panaden gebraten – einmal mit Kräutern, einmal Caesar Salad und einmal Weißbrotpanade, für die wir Grissini benutzten, weil es so viel lockerer wurde. Dazu servierten wir drei verschiedene Salate: Kartoffelpesto, Rote-Bete-Granatapfel und Salatherzen mit ein bisserl Schnickschnack darauf. Ehrlich gesagt, glaubte ich nicht so recht an dieses Gericht, es war trotz allem immer noch Schnitzel – ob das bei unserem Szenepublikum ankam? Aber ich hatte mich getäuscht: Das Schnitzel lief wie verrückt, genauso wie der Döner.

Die Gäste ließen es sich schmecken – es saß ein sehr bunt gemischtes Publikum im Lenbach. Mittags kamen viele Geschäftsleute, abends schlug dann die Stunde der typischen Münchner Schickeria, da ging es nur ums Sehen und Gesehenwerden. Da wurde der Sportwagen möglichst direkt vor der Tür geparkt, damit die Jungs mit ihren Begleiterinnen den richtigen Auftritt hatten – und natürlich waren die vielen Prominenten wiederum ein Eyecatcher für alle anderen Gäste. Auch internationale Stars tauchten manchmal ganz überraschend bei uns auf. Ich erinnere mich an einen Samstagmittag, als plötzlich die Sängerin Pink mit ihrem Freund hereinspazierte. Sie gab abends ein Konzert in der Stadt, wohnte im Bayerischen Hof und kam kurz vorbei, um etwas zu essen. Das war eine Aufregung!

Alis Schokoladenkuchen

Manchmal findet man Inspiration ja an den unwahrscheinlichsten Orten: Den Schokoladenkuchen entdeckte ich im Urlaub auf den Seychellen. Beim Essen floss flüssige Schokolade aus seinem Inneren – echtes Gaumenkino. Das schmeckte mir so gut, dass ich ihn im Hotel drei Wochen lang jeden Tag bestellte, um seinem Geheimnis auf die Spur zu kommen – der Koch wollte das Rezept leider nicht herausrücken. Wieder zu Hause experimentierte ich lange mit der Schokolade und den Backzeiten herum. Endlich hatte ich das Geheimnis geknackt. Seither darf ich den Kuchen nicht mehr von der Karte nehmen – sonst rebellieren die Stammgäste. Ein Tipp: Nehmen Sie eine gute Schokolade. Und der Kuchen schmeckt noch besser, wenn man den Teig einen Tag ruhen lässt.

Schokoladenkuchen

120 g Schokoladenkuvertüre mit möglichst hohem Kakaoanteil
100 g Butter
3 Eier
150 g Zucker
50 g Mehl

Erdbeeren

350 g Erdbeeren
½ Bund Minze
50 g Zucker
1 Limette

Für den Kuchen die Kuvertüre mit der Butter in einer Schüssel über heißem Wasserbad schmelzen lassen. Nebenbei mit einem Handrührgerät oder Quirl in einer Schüssel die Eier mit dem Zucker cremig aufschlagen.

Sobald die Kuvertüre geschmolzen ist, die Ei-Zucker-Mischung unter die Schokolade heben und das Mehl untersieben. Wenn keine Klümpchen mehr im Teig sind, die Masse in den Kühlschrank stellen. Sobald sie kalt ist, in eine mit Backpapier ausgelegte ringförmige Backform abfüllen.

250 g Erdbeeren vierteln. Die Minze fein schneiden, Limette auspressen. Die restlichen 100 g Erdbeeren durch ein Sieb streichen, sodass 80 g Erdbeermark entstehen. Die gewürfelten Erdbeeren mit dem Erdbeermark und der Minze vermengen und mit Zucker und Limettensaft abschmecken.

Damit der Kern flüssig bleibt, muss der Kuchen bei großer Hitze gebacken werden. Dafür den Ofen auf 220 °C vorheizen und das Backblech 7 Minuten direkt auf den Boden stellen. Den warmen Schokoladenkuchen mit Erdbeeren anrichten und sofort servieren. Dazu passt Vanilleeis.

Eines Tages wurde eine Veranstaltung angekündigt, mit bis zu 400 Gästen und, so hieß es, vielen Models. Die Organisation lief über eine Agentur, und ich wurde zur Vorbesprechung gebeten, um Menüvorschläge zu machen. Alles sollte vom Feinsten sein, so die Veranstalter, sie wollten nur das Beste vom Besten, Austern, Kaviar, Hummer und natürlich Trüffel. Wir planten also eine Eisbar mit Austern, Hummer, Langustinen, eine Sushi-Corner mit japanischen Sushi-Meistern, eine Kaviartheke, wo meine Köche à la minute Eiergerichte und Rindertatar mit Kaviar anbieten sollten. Wir gaben ein Angebot ab, dann wurde nachverhandelt: Klingt alles ganz gut, sagten die Leute von der Agentur, aber Tellergerichte wie Pasta mit Trüffel, das ist uns zu wenig. Sie wollten weiße Trüffel groß wie Tennisbälle, damit sollten die Köche durch den Saal gehen und überall, wo gewünscht, Trüffel à discrétion hobeln. Ich war baff und erklärte, dass man für ein Kilo weiße Alba-Trüffel mit rund achttausend Euro rechnen müsse. Das sei egal, ließ man mich wissen, wenn es das koste, dann sei das eben so.

Am Abend des Events hieß es dann plötzlich, als Special Guest käme eine berühmte Hollywoodschauspielerin, das sei aber streng geheim – und plötzlich stand Nicole Kidman in unserem Restaurant! Es war eine Wahnsinnsparty, überall Models und andere beeindruckende Menschen, ein sehr internationaler Gästekreis. Für Nicole Kidman und ihre Entourage gab es einen abgesperrten VIP-Bereich. Später öffnete sich bei uns in der Küche die Tür des Personaleingangs, und herein kam ein kleiner Mann mit Vollbart, dickem Mantel und zwei Bodyguards. Später erfuhren wir: Es war der Sohn von Muammar Al-Gaddafi. Er war der Gastgeber, hatte Nicole Kidman per Privatjet einfliegen lassen und zahlte am Ende die Rechnung – alleine 75 000 Euro für die Küche. Das war eben das Lenbach!

An solchen Abenden herrschte hinter den Kulissen extreme Hochspannung. Erschwerend kam hinzu, dass die Atmosphäre zwischen mir und der Geschäftsführerin generell unangenehm knisterte. Wir hatten einen schlechten Start gehabt, weil ihr Freund ebenfalls Koch war und sich, wie ich später erfuhr, um die Nachfolge von Stefan Marquard bemüht hatte. Dass ich stattdessen die Stelle bekommen hatte, trug sie mir lange nach. Ihren Umgangston verstand ich oft nicht, mal war sie lieb und freundlich, mal knallhart. Es war schwierig, mit ihr klarzukommen. Allerdings hatte ich auch große Hochachtung vor dem, was sie leistete. Ich habe selten jemanden erlebt, der so hart arbeitete. Sie war wirklich jeden Tag da und schuftete im wahrsten Sinne des Wortes. Vor ihrer Leistung hatte ich Respekt, aber persönlich kamen wir einfach nicht klar. Sie war nicht die Einzige, die hart arbeitete, das galt für mich genauso. Ich brachte die Küche im Lenbach auf Vordermann und schuftete ebenfalls wie ein Besessener. Aber sie gab mir nie das Gefühl, dass sie meine Arbeit schätzte. An Weihnachten verteilte sie an alle Mitarbeiter kleine Geschenke – nur ich bekam nichts. Nicht, dass ich ein Geschenk gebraucht hätte, aber es war eine deutliche Geste, mich auszulassen.

Es kam, wie es kommen musste – irgendwann eskalierte die Situation wegen einer Kleinigkeit. Es war spät am Abend, weit nach Mitternacht, die Küche war schon geschlossen, nur die Bar war noch offen. Der Barmann fragte in der Küche, ob wir noch Nüsse hätten. Natürlich lagerten die Nüsse nicht in der Küche, sondern unten im Vorratsraum, und meine Köche sagten ihm, wo er sie finden konnte. Er ging zurück an die Bar, sagte der Geschäftsführerin, es gäbe keine Nüsse, woraufhin sie in die Küche schoss und sich beschwerte, warum wir dem Kollegen nicht helfen würden. Ein Wort gab das andere: Ich sagte, natürlich könne man helfen, wenn man wüsste, was genau gebraucht würde. Darauf erwiderte sie, das sei eine typische Arschlochdenke. In diesem Moment rastete ich aus. Ich bin ein gutmütiger Mensch, und es dauert lange, bis bei mir die Sicherungen durchbrennen. Aber in jenem Moment, nach einer langen, anstrengenden Schicht, wurde es mir einfach zu viel. Das war der Tropfen, der das Fass zum Überlaufen brachte. Mir war außerdem klar: Wenn ich jetzt nicht reagiere, verliere ich vor meiner Mannschaft das Gesicht.

Ich habe die Geschäftsführerin so angebrüllt wie vorher oder nachher nie wieder jemanden.

Zum Schluss sagte ich (wir waren, in der Gastronomie völlig unüblich, immer noch beim «Sie»): «Dann machen Sie doch Ihren Scheiß alleine!», ging nach oben in die Personalräume und zog mich um. In dem Moment befürchtete sie wohl, dass ich hinschmeißen könnte, lief mir nach und meinte, wir müssten das jetzt ausdiskutieren. Es braucht bei mir sehr viel, bis ich wütend werde, aber wenn es einmal passiert, dann kann ich auch hart sein. Also sagte ich: «Verpissen Sie sich, ich will mit Ihnen nicht reden!»

Ich ging nach Hause, und der Vorfall beschäftigte mich den ganzen Sonntag. Meinem Gefühl nach schätzte man im Lenbach überhaupt nicht, was ich dort leistete.

Als ich am Montag wieder zur Arbeit kam, sprach mich Peter Schmuck an. Was denn los gewesen sei? Ich sagte ihm, dass ich mich nicht beschimpfen ließe und mir einen respektvolleren Umgang miteinander wünschen würde. Er schlug vor, ich solle der Dame doch das «Du» anbieten, vielleicht könnte man so das Eis zwischen uns brechen.

Ich habe überhaupt kein Problem damit, Menschen zu duzen oder geduzt zu werden – im Gegenteil, zumal sich nicht jeder gleich meinen Nachnamen merken kann. Aber zu der Lenbach-Geschäftsführerin wollte ich lieber auf Distanz bleiben – und das sagte ich Peter Schmuck. Ich bin sehr kompromissfähig, aber wenn mich jemand einmal richtig verletzt, möchte ich nicht mehr mit dieser Person sprechen. Also ignorierte ich die Geschäftsführerin – das kann ich ganz gut.

Wir redeten lange kein Wort miteinander. Als sie später aus einem längeren Urlaub zurückkehrte, machte sie einen ersten Schritt auf mich zu. Ab da gingen wir zurückhaltend-diplomatisch miteinander um. Warm wurden wir nie miteinander, doch trotz allem: Sie war als Geschäftsführerin sehr tüchtig, und ich schmiss die Küche, sodass der Laden gut lief.

Ende 2003 bekam ich eine tolle Auszeichnung: Ich wurde vom Gourmetführer Gault & Millau als «Entdeckung des Jahres» geehrt. Für mich war das eine Riesenüberraschung, als eines Tages der Brief mit der Einladung zur Präsentation des Guides im Briefkasten lag. Der Abend fand in Wolfsburg im Restaurant Aqua statt, dessen Küchenchef Sven Elverfeld zum Koch des Jahres gekürt wurde. Ich buchte mir ein Zugticket und fuhr nach Wolfsburg, aber wusste nicht genau, was mich dort erwartete. Ich hatte zwar eine Ahnung, aber trotzdem war es eine tolle Überraschung und ein ungeheures Glücksgefühl, als Manfred Kohnke, der damalige Chefredakteur des Gault & Millau, sagte: «Zur Entdeckung des Jahres küren wir Ali Güngörmüş vom Restaurant Lenbach in München», und mich auf die Bühne bat. Bei seiner Laudatio bekam ich heiße Ohren: «Mit einer jungen, aber nicht wilden Küche im Zeitgeist der Globalisierung erfreut unser Preisträger die Gästevielfalt eines Münchner *In*-Spots. Er ist ein aufstrebender junger Koch, mit dem sich München in seinem einzigen Weltstadt-Restaurant nicht blamiert, wenn die Welt einkehrt.»

Es war für mich eine tolle Bestätigung – die viele Arbeit, die endlosen Überstunden hatten sich doch gelohnt. Natürlich war diese Auszeichnung auch gut für mein Standing im Lenbach – man ging dort jetzt etwas anders mit mir um. Peter Schmuck war unglaublich stolz und erwähnte meine Ehrung ab sofort in jedem Angebot, das hinausgeschickt wurde.

Natürlich wurde durch die Auszeichnung im Gault & Millau auch die Presse auf mich aufmerksam – nicht nur die Lokalpresse wie bisher, sondern auch überregionale Medien. People-Magazine wie «Gala» oder «Bunte» brachten Beiträge. Durch die mediale Aufmerksamkeit kamen auch andere Aufträge zustande, große Firmen wie Audi oder Telekom buchten Veranstaltungen. Eines Tages dann ein Anruf aus Berlin: Dem türkischen Ministerpräsidenten Erdogan, der damals noch recht neu im Amt war und international als Hoffnungsträger galt, würde im Oktober 2004 den «Quadriga»-Preis für «Aufbruch, Erneuerung und Pioniergeist» verliehen – ob ich Lust hätte, das Menü mitzugestalten? Die Ehrung sollte im Konzerthaus am Gendarmenmarkt stattfinden, danach war ein Empfang im Pergamonmuseum geplant. Außer mir waren auch der Berliner Koch Tim Raue, der damals ebenfalls am Anfang seiner Karriere stand, und zwei weitere Kollegen eingeladen, den Abend kulinarisch zu begleiten. Ich empfand das als große Ehre und sagte natürlich zu. Und so stand ich eines Tages mit den Kollegen im Konzerthaus und bereitete meinen Gang vor. Wir sollten einen Empfang mit über 400 Gästen bekochen; ich hatte mir einen mediterranen Gemüsesalat überlegt, mit verschiedenem mariniertem Gemüse, Oliven, Kapern, Ziegenkäse und einem Honigbrotchip. Als wir gerade im Veranstaltungsraum alles aufbauten, öffnete sich plötzlich die Tür, und herein kam der damalige Bundeskanzler Gerhard Schröder, locker und gut gelaunt wie immer, die Hand in der Hosentasche. Begleitet wurde er von seinen Beratern, dem polnischen Ex-Präsidenten Lech Walesa, von Erdogan und dem afghanischen Präsidenten Hamid Karzai, der ebenfalls geehrt wurde. Schröder hielt abends die Laudatio auf die beiden.

Wir machten ein bisschen Smalltalk, und ich durfte mich mit Gerhard Schröder und Erdogan fotografieren lassen. Letzterer war zunächst sehr zurückhaltend und distanziert, aber dann fragte mich einer seiner Leute, ob ich aus der Türkei stamme. Wir wechselten ins Türkische, und Erdogan wollte ganz genau wissen, wo ich herkomme. Von Pageou hatte er noch nie gehört, aber er kannte Tunceli, wo ich zur Schule gegangen war. Er wusste sogar, dass dort in der Gegend gerade ein Altenheim gebaut wurde und beeindruckte mich mit seiner Detailkenntnis. Abends kam Erdogan dann noch mal auf mich zu und probierte meine Baklava.

Mein Vater, dem ich später von dieser Begegnung erzählte, war sehr stolz. In der Tagespresse, vor allem auch in der türkischen, wurde die Begegnung von Erdogan und dem türkischstämmigen Koch aus München natürlich auch aufgegriffen.

Zurück in München kündigten sich schon die nächsten prominenten Gäste an: Die Rolling Stones kamen zum Essen. Sie waren auf Europatournee und rund um ihr Münchner Konzert ein paar Tage in der Stadt. Sie betraten das Lokal spät am Abend, gegen 23 Uhr; wir hatten schon fast nicht mehr mit ihnen gerechnet. Die Geschäftsführerin bestand darauf, dass ich selbst an den Tisch ging und das Menü besprach – mir war das gar nicht recht, weil mein Englisch nicht das beste ist. Ich ging also hin und sagte: «Hi, ich bin der Ali.» Sie waren sehr cool und wollten unbedingt verschiedene Gerichte probieren. Alles sollte einfach

Bei der Quadriga-Preis-Verleihung 2004 in Berlin
mit (v. l. n. r.) Recep Tayyip Erdogan,
Gerhard Schröder, Tim Raue und weiteren Kollegen

in die Mitte des Tisches gestellt werden, sodass sich jeder bedienen konnte – Jakobsmuscheln, Garnelen, Sushi, Couscous mit Ziege und Rinderfilet. Es muss ihnen wohl geschmeckt haben, denn am nächsten Tag kam ein Anruf: Die Rolling Stones möchten gerne ihre After-Show-Party ein paar Tage später im Lenbach geben. Es war ein Sonntag, unser Ruhetag, da ließ sich das gut einrichten. Angekündigt waren knapp 300 geladene Gäste, ein Mix aus VIPs, Freunden und Mitarbeitern der Tour. Wir sollten ein Flying Buffet aufbauen, nichts Kompliziertes, Sushi und asiatische Gerichte, dazu Chili con Carne und Currywurst. Mick Jagger war bester Laune und begrüßte mich mit: «Hey, Ali, how are you?» Er hatte sich tatsächlich meinen Namen gemerkt! Am nächsten Tag war ein Foto von uns beiden in allen Münchner Zeitungen; das war eine Bomben-PR!

Mit Mick Jagger 2004 im
Restaurant Lenbach

Doch trotz allem: Nach eineinhalb Jahren im Lenbach begann ich, über meine Zukunft nachzudenken. Klar, wir hatten Erfolg, aber der Preis war hoch: Wir arbeiteten bis zu 14 Stunden pro Tag in der Küche, das würde ich auf Dauer körperlich und psychisch nicht durchhalten. Wirklich geschätzt wurde dieser hohe Einsatz auch nicht, denn ich hatte schon dreimal erfolglos um eine Gehaltserhöhung gebeten. Dazu kam, dass ich mich kulinarisch unterfordert fühlte und als Koch nicht ewig auf den «Döner de luxe» reduziert werden wollte – zumal auch der sehr arbeitsaufwendig war, weil er à la minute angerichtet wurde und bei voll besetztem Haus meine Köche ins Schwitzen brachte: Auf das morgens gebackene Brot kam eine Art Tomatenpesto, es musste Gemüse – Zucchini, Paprika, Tomate und Aubergine – geschmort werden, das Fleisch musste kurzgebraten und mit Gänseleber, Salatgarnitur und schwarzem Trüffel angerichtet werden, dazu kamen zwei Dips, einer mit Joghurt, einer mit Ratatouille. Eines Abends, als wir in der Küche nicht mehr wussten, wo rechts und links war, kam mein Saucier zu mir und sagte: «Ali, wenn du den Döner noch länger auf der Karte lässt, ich schwör's dir, ich kündige, ich höre auf.»

Der Döner lief wie verrückt, die Geschäftsführung liebte ihn, aber für uns Köche hatte er sich zu einem regelrechten Fluch entwickelt.

Ich machte mir zunehmend Sorgen: Bisher hielt ich das Team gut zusammen, aber ich wusste, dass ich meine Köche bei dem irren Tempo nicht ewig an mich binden konnte. Ende des Jahres 2004 hatte ich dann ein Schlüsselerlebnis mit Peter Schmuck. Er wollte, dass ich ihm etwas zu essen mache; ich fragte ihn, worauf er Lust habe. Nudeln? Wir hatten gerade sehr guten weißen Trüffel da, also bot ich an, etwas Trüffel über die Pasta zu hobeln. Er lehnte ab, das sei zu teuer, Trüffelsauce täte es auch. Nun muss man wissen, dass die sogenannte Trüffelsauce nicht mit frischem Trüffel zubereitet wird, sondern mit synthetisch hergestelltem Trüffelöl. Ein echter Gourmet würde das niemals bestellen! Ich konnte nur den Kopf schütteln: Er verdiente mit dem Lenbach so viel Geld und gönnte sich nicht mal eine Portion Trüffel. Die Episode gab mir zu denken.

Ein paar Tage später wollte Schmuck für den kommenden Montag ein Meeting einberufen, es gäbe ein paar Dinge zu besprechen. Montag war mein freier Tag; das sagte ich ihm. «Wie, du hast frei?», fragte er. Ich erklärte ihm, dass ich Sonntag und Montag frei hätte, und er fiel aus allen Wolken: «Gleich zwei freie Tage?» Und er setzte nach: «Mei, du hast wirklich ein super Leben bei mir, Ali, das weißt du schon?»

Ich fragte ihn, ob das sein Ernst sei, und er insistierte, er kenne keinen Küchenchef, der so gut verdiene wie ich. Wusste er wirklich nicht, dass auch in der Gastronomie zwei freie Tage in der Woche üblich sind? Als ich abends nach Hause radelte, dachte ich über unser Gespräch nach. Der schätzt überhaupt nicht, was ich da tue, sagte ich mir. Du hast seinen Laden auf Vordermann gebracht, er macht mehr Umsatz als je zuvor. Du hast 15 Gault-&-Millau-Punkte erkocht, im zweiten Jahr sogar 16. Du hast eine gute Mannschaft aufgebaut. Aber er schätzt das alles gar nicht!

Zu Hause angekommen, nahm ich mir eine Flasche Bier und setzte mich an den Küchentisch. Ich ließ die Zeit im Lenbach noch mal Revue passieren. Ich wusste, ich würde meine Leute unter den harten Arbeitsbedingungen auf Dauer nicht halten können, auch die 16 Punkte waren dadurch gefährdet. Ich beschloss: Ich wollte nicht mehr für Menschen arbeiten, die meinen Einsatz nicht schätzten.

Es gab nur einen Weg – ich würde mich selbständig machen. An jenem Abend schwor ich mir: Wenn ich schon so viel arbeite, dann nur noch für mich selbst. Seit meinem 14. Lebensjahr und dem Beginn meiner Lehre hatte ich mich immer für andere abgerackert, egal ob im einfachen Wirtshaus, in Gourmetrestaurants wie dem Tantris und den Schweizer Stuben oder in einem Szenelokal wie dem Lenbach. Ich wollte die Früchte der vielen Arbeit in Zukunft selbst ernten. An jenem Abend schloss ich das Kapitel Lenbach für mich ab. Ich beschloss, mir ein geeignetes Lokal zu suchen, in dem ich mein eigenes Restaurant eröffnen konnte. Und ich würde auf volles Risiko setzen: kündigen, obwohl ich noch nicht wusste, wie es weiterging. Normalerweise bin ich sehr auf Sicherheit bedacht und hatte bisher eine Stelle immer erst dann gekündigt, wenn ich schon einen neuen Vertrag in der Tasche hatte. Diesmal war es anders. Aber mein Bauchgefühl sagte mir: Junge, der Moment ist da. Eine neue Erfahrung, die mir ein Gefühl von Freiheit schenkte.

Ente mit Elbblick – *Der Sprung ins kalte Wasser der Selbständigkeit*

Der Abend, an dem ich beschloss, mich selbständig zu machen, war ein Schlüsselmoment in meinem Leben. Auch am nächsten Tag hatte ich keinerlei Zweifel an dieser Entscheidung, ich war mir meiner Sache hundertprozentig sicher und wusste: Das ist der richtige Weg. Alles war plötzlich ganz klar, und obwohl ich noch einige Zeit im Lenbach weiterarbeitete, fühlte ich mich enorm erleichtert – als ob ich schwebte, es war großartig. Meine Entscheidung verlieh mir unglaublich viel Kraft und neue Energie, um mit den Widerständen, mit denen ich natürlich auch konfrontiert wurde, umgehen zu können. In meinem Kopf taten sich plötzlich so viele Möglichkeiten auf, so viele Türen, durch die ich gehen konnte – und ich wusste: Wenn die eine Tür nicht die richtige ist, dann öffne ich eben die nächste. Ich werde schon die richtige Klinke drücken …

Ich sprach mit ein paar Menschen über mein Vorhaben, unter anderem mit Karl Ederer. Er gab mir einen Tipp: Im Romagna Antica in Schwabing suche man einen Nachfolger; in jenem damals berühmten Italiener in München gingen Bernd Eichinger, Helmut Dietl und jede Menge andere Film- und Medienprominenz ein und aus. In diesem Lokal drehte Dietl 1997 seinen Film «Rossini – oder die mörderische Frage, wer mit wem schlief». Ein schönes Restaurant mit einer großen Terrasse, auch die Lage war nicht schlecht. Ich vereinbarte also einen

Termin und ließ mir von dem damaligen Betreiber die Räumlichkeiten zeigen; das gefiel mir alles sehr gut. Ich fragte ihn nach den Konditionen und er sagte, er wolle 300 000 Euro. Ich dachte, ich höre nicht richtig. Woher sollte ich so viel Geld nehmen? Und das war nur die Ablöse, dazu kämen noch die Kosten für den Umbau, die Einrichtung und die Pacht. Er erklärte mir, er wolle zurück nach Italien gehen, das sei quasi seine Rente. Ich schluckte. Ich war erst 27 Jahre alt, hatte zwar Geld gespart – aber das war jenseits meiner Möglichkeiten.

Über einen Immobilienmakler bekam ich weitere Angebote, aber es war nichts dabei, das wirklich in Frage kam. Wenn ich schon diesen großen Schritt wagte, dann wollte ich keine Kompromisse machen. Ich hatte ja erlebt, woran Ederer im Glockenbach gescheitert war, und diese Fehler wollte ich nicht wiederholen. Ich suchte ein Lokal in guter Lage, mit Terrasse und Parkplätzen. Nach ein paar Wochen machte sich jedoch Enttäuschung breit – es schien in München derzeit nichts zu geben, das meinen Vorstellungen entsprach. Und dann kam der Anruf aus Hamburg. Am Telefon war Friederike Heyne, eine Bekannte von Peter Schmuck, die oft ins Lenbach kam: «Ali, du willst dich doch selbständig machen, nicht wahr? Ich habe eine Location für dich!» Ich fiel aus allen Wolken: «In Hamburg?» Sie meinte das Le Canard, ein stadtbekanntes Restaurant an der Elbchaussee. Josef Viehhauser, in den 1980er und 1990er Jahren ein Star der kreativen deutschen Küche, hatte dort einen Michelin-Stern erkocht, musste aber 2004 Insolvenz anmelden. Die Immobilie gehörte dem namhaften Architekten Meinhard von Gerkan, den Frau Heyne in Hamburg zufällig kennengelernt hatte. Das Restaurant stehe leer, und er suche einen neuen Betreiber, sagte sie. Ob ich gleich nach Hamburg kommen könne?

Ich war baff. Ich wusste ganz genau, um welches Objekt es ging. Ein paar Jahre zuvor hatte ich im «Feinschmecker», einer Gourmetzeitschrift, ein Foto von Josef Viehhauser gesehen, der mit seiner ganzen Mannschaft vor dem Restaurant posierte. Man erkannte im Hintergrund das imposante weiße Gebäude, die große Terrasse und den

Blick auf den Hafen. Damals hatte ich mir gesagt: «Mein Gott, was für eine traumhafte Location, das wäre genau das Richtige für dich.» Ich kann mich noch gut erinnern, dass ich richtig neidisch geworden war, weil ich mir nicht vorstellen konnte, jemals selbst die Chance auf solch ein Restaurant zu haben. Und nun wurde mir exakt dieses Lokal angeboten.

Wie sehr unser Leben doch von Zufällen bestimmt ist! Ich werde oft gefragt, was ich mir für meine Zukunft vorstelle. Aber so denke ich nicht. Ich lebe immer für die Gegenwart, für den heutigen Tag. Wo ich mich in zehn Jahren sehe? Keine Ahnung. Und ganz ehrlich, ich will es auch gar nicht wissen. Das ist doch das Schöne am Leben, dass es Überraschungen für dich bereithält – wie die, dass ich mit 27 Jahren die Location meiner Träume angeboten bekam!

Das Timing schien zunächst ganz ungünstig, denn ich konnte nicht spontan nach Hamburg reisen. Ich wollte am nächsten Tag mit meiner Freundin für zwei Wochen auf die Malediven fliegen, in den langersehnten Urlaub. Das sei kein Problem, meinte Friederike Heyne, dann solle ich eben anschließend nach Hamburg kommen. Und so geschah es. Aber im Urlaub hatte ich Zeit zum Nachdenken, und mir kamen Zweifel. War das Wagnis Hamburg nicht eine Nummer zu groß für mich? Ich kannte dort keinen Menschen, wusste ja nicht einmal, wo ich Tomaten einkaufen können würde. «Ich glaube, ich sage das ab», erklärte ich meiner Freundin. Doch Stephanie redete mir zu und meinte, ich könnte es mir doch zumindest mal anschauen. Also flog ich nach meiner Rückkehr für einen Tag nach Hamburg, ohne Gepäck, nur mit meiner Geldbörse in der Jackentasche. Friederike Heyne holte mich am Flughafen ab, und wir fuhren zur Elbchaussee. Alles war wie auf dem Foto in meiner Erinnerung: Ein großer, ganz in Weiß gehaltener Gebäudekomplex, im oberen Stockwerk lagen Meinhard von Gerkans Architekturbüros, im Erdgeschoss das Le Canard. Wir mussten ein Weilchen warten, und ich ging alleine hinunter auf die große Terrasse des Restaurants. Ich stand dort, mit den Händen in den Hosentaschen, und sah hinaus auf die Elbe. Das

Wasser, der blaue Himmel, die Schiffe, der Containerhafen – das war atemberaubend. Ich drehte mich einmal um die eigene Achse, ließ alles auf mich wirken und wusste: Das ist es! Mein Bauch sagte: Ja! Mein Herz sagte: Ja! Es war Liebe auf den ersten Blick. Wenn ich aus dieser Location nichts machen könnte, dann läge das nur an mir. Mein Kopf begann zu arbeiten: In der Umgebung gab es wenige Büros, aber viele noble Villen. Das hieß: wenig Mittagsgeschäft, aber sehr gutes Abendgeschäft – vor allem bei dieser Terrasse! Das Flair mit dem Blick aufs Wasser hatte auch etwas Mediterranes, das passte perfekt zu meinem Küchenstil.

Ich war noch ganz in Gedanken versunken, als Meinhard von Gerkan seinen Auftritt hatte. Ein beeindruckender Mann, obwohl er damals schon 70 Jahre alt war. 1 Meter 90 groß, wehende weiße Haarpracht; er trug einen chinesischen Anzug, weil er damals viele Projekte in China hatte und das Land und seine Küche liebte. Ich wusste nichts über ihn, glücklicherweise, denn das hätte mich bestimmt eingeschüchtert: Berühmt geworden war er durch den Bau des Berliner Flughafens Tegel, dessen sechseckige Form, an dem die Flugzeuge über Fluggastbrücken direkt andocken können, 1974 revolutionär war. Später baute er den Berliner Hauptbahnhof und den Hamburger Flughafen, Arenen und Museen, Krankenhäuser und Konzerthallen, Geschäftsquartiere in China und Kliniken in Italien, Universitäten in Indien und Messecenter im Iran. Sein Architekturbüro gmp beschäftigte 500 Mitarbeiter an sieben Standorten weltweit, 130 davon in Hamburg, direkt über dem Restaurant. Bei unserer ersten Begegnung war ich einfach nur beeindruckt von seiner Erscheinung und seinem sehr bestimmten Auftreten. Aber ich merkte auch, dass er sich um das Restaurant lange nicht gekümmert hatte, denn er musste an seinem Schlüsselbund mehrere Schlüssel ausprobieren, bevor er den passenden fand.

Drinnen ging ich durch den Gastraum, in dem schöne Thonetstühle standen, zuerst in die Küche – und war entsetzt über deren Zustand. Dies war eines der besten Restaurants Hamburgs gewesen, aber wie sah es jetzt aus! Überall Schimmel und Spinnweben. Es tat mir im Herzen weh, dass man das Haus so hatte verlottern lassen. Was ich nicht ahnen konnte: Das Le Canard stand schon seit über einem Jahr leer, eine ganze Reihe von Gastronomen hatten sich dafür interessiert, aber keiner hatte es sich zugetraut, weil die Grundkosten hoch waren und von Gerkan immense Anforderungen stellte. Gut, dass ich all das nicht wusste, so war ich völlig unbefangen, vielleicht auch ein wenig blauäugig. Ich machte die Kühlschränke auf, ich sah mir den Herd und das Kühlhaus an – alles nicht sonderlich gut in Schuss. Ich war sprachlos, schüttelte nur den Kopf. Gewisse Gebrauchsspuren sind in einer Küche normal, aber hier war alles total heruntergekommen. Nachdem ich mir alles angesehen hatte, sagte von Gerkan: «Ich kann Ihnen das Restaurant leider nicht geben.» Ich verstand nicht. «Ich weiß doch gar nicht, wie Sie kochen. Ob mir das überhaupt schmeckt, was Sie kochen.» Ich muss ziemlich dumm geguckt haben, und er lachte sich kaputt über seinen eigenen Scherz. Er schlug vor, wir sollten gemeinsam zu Mittag essen. Schräg unterhalb vom Le Canard lag das Tafelhaus von Christian Rach, dort hatte er einen Tisch reserviert. Das Restaurant war gut besucht, Christian Rach kam zu uns an den Tisch und wünschte mir viel Glück. So langsam dämmerte mir, dass ich das brauchen würde.

Von Gerkan drückte mir die Weinkarte in die Hand – ich solle eine Flasche aussuchen. Das war eine schwierige Situation, vielleicht auch ein Test. Ich suchte einen Wein im mittleren Preissegment aus, den ich kannte, wir bestellten unser Essen. Dann sagte er: «Wie sieht denn Ihr Konzept aus?» Auweia, da hatte er mich auf dem falschen Fuß erwischt. Darüber hatte ich mir noch gar keine Gedanken gemacht. Ich sagte ihm, dass ich erst einmal die Räumlichkeiten sehen und ihn kennenlernen wollte. Diese Eindrücke würde ich erst verarbeiten und ihm dann ein Konzept zuschicken. Ich drehte den Spieß einfach um und fragte ihn, was seine Vorstellungen seien. Er wolle wieder ein Spitzenrestaurant im Haus haben, sagte er. Dann sprachen wir über das Finanzielle. Wie viel Geld ich denn mitbrächte, wollte er wissen. «So circa 50 000 Euro», sagte ich. Damit käme ich nicht weit, erwiderte er. Er habe mehr als ein Jahr Mietausfälle gehabt und wolle eine Ablöse von 300 000 Euro. Ich traute meinen Ohren nicht – die gleiche Summe wie im Romagna Antica in München, sie schien mich zu verfolgen. Ich sagte ihm, mir sei nicht ganz klar, wofür ich so viel Geld bezahlen solle. Daraufhin wurde er ungehalten und ziemlich laut: «Sie glauben wohl, Sie könnten das Restaurant umsonst haben?» Wir müssten ein oder zwei Millionen Euro investieren, um alles auf den neuesten Stand zu bringen, meinte er – um dann im nächsten Moment zu sagen, Tische und Stühle seien ja da, ich könne morgen anfangen, wenn ich wolle. Ganz so eilig hätte ich es nicht, erklärte ich ihm, aber wir würden uns bestimmt einig werden. Ich solle mir mal Gedanken um das Konzept machen, meinte er, die Konditionen seien mir ja bekannt, und dann würden wir weitersehen.

Ich flog mit sehr gemischten Gefühlen zurück nach München. Es sei mein Traumrestaurant, erzählte ich meiner Freundin, aber der Besitzer sei schwierig, ein Choleriker. Ich fragte mich, warum ich immer wieder an solche Typen geraten musste. Stephanie redete mir zu. Wenn mir das Lokal so gut gefiele, meinte sie, dann sollte ich die Dinge einfach mal weiterlaufen lassen und das gewünschte Konzept erstellen. Das war leichter gesagt als getan. Ich hatte mit so etwas keine Erfahrung und keine Ahnung von BWL oder Excel-Dateien. Glücklicherweise kannte sich ein Freund sowohl gut mit dem Geschäftlichen als auch mit Architektur aus. Ich bat ihn, mir zu helfen. Er fiel aus allen Wolken, als er hörte, dass ich es mit Meinhard von Gerkan zu tun hatte: «Weißt du überhaupt, wer das ist?» «Nö.»

Er klärte mich über die Hintergründe auf, wir setzten uns zusammen und schrieben ein Konzept, das ich nach Hamburg schickte. Es fand immerhin so viel Gnade, dass ich zu einem nächsten Gespräch eingeladen wurde. Diesmal trafen wir uns in von Gerkans Büro, auch

Friederike Heyne war wieder dabei. Von Gerkan hatte dieses und jenes am Konzept auszusetzen, aber ich wollte jetzt Tacheles reden: Wie hoch war die Miete, was käme an Nebenkosten dazu, und wie sah es mit der Ablöse aus? Von Gerkan bot an, mir einen Kredit über die 300 000 Euro Ablöse zu gewähren, ich konterte mit dem Vorschlag, er solle sich selbst engagieren und ins Geschäft einsteigen. 50 000 Euro sei alles, was ich aufbringen könne, versicherte ich ihm, doch er war überzeugt, dass ich pokerte. Ich fand die Situation absurd: Ich, ein mittelloser Koch, musste mit einem Multimillionär schachern – David gegen Goliath.

Schließlich mischte sich Frau Heyne ins Gespräch und meinte, sie könne sich auch beteiligen – zwar nicht mit Geld, aber sie kenne Herrn Riedel von der berühmten Glasmanufaktur und auch jemanden bei Villeroy & Boch; da könnten wir sicher Gläser und Geschirr umsonst bekommen. In diesem Moment war es um die Selbstbeherrschung von Gerkans geschehen. Er schlug mit der Faust auf den Tisch. «Das ist doch wohl nicht Ihr Ernst», brüllte er. Er kenne auch viele Leute, aber das heiße noch lange nicht, dass man etwas geschenkt bekäme. Hier ginge es um echte Geschäfte, nicht um ein paar symbolische Gefälligkeiten: «Bringen Sie Geld ein, dann können Sie mitmachen, alles andere ist Blödsinn.» Friederike bekam einen hochroten Kopf, verabschiedete sich von mir und ging. Ich blieb sitzen. Von Gerkan blickte ihr nach, dann sah er mich an und legte seine riesige Hand auf meine: «Irgendwie kriegen wir das schon hin.»

Das war für mich ein Signal: Wenn er so mit mir redete, dann fand er mich wohl sympathisch.

Ich nahm einen weiteren Anlauf und schlug ihm nochmals vor, wir könnten das Restaurant als Partner betreiben: «Finanziell sind Sie mir weit überlegen», argumentierte ich, «aber fachlich bin ich Ihnen voraus, also arbeiten wir doch zusammen.» Ich erklärte ihm, dass wir beide eine bestimmte Summe in den Betrieb investieren müssten, um ihn wiederzueröffnen, dass gewisse Renovierungsarbeiten notwendig seien und neues Geschirr und Besteck angeschafft werden müssen. Das wollte er nicht einsehen: «Wieso denn, es ist doch alles da!» Ich musste all meine Überzeugungskraft aufbringen, um ihm klarzumachen, dass jeder Koch einen eigenen Stil hat. Und dass es für mich schlicht undenkbar sei, auf Tellern anzurichten, auf denen Viehhausers Name stand. «Sie würden doch als Architekt auch kein Briefpapier benutzen wollen, auf dem als Briefkopf Herzog & deMeuron steht», sagte ich schließlich. Das leuchtete ihm ein. «Ach so, ist das bei Euch Köchen auch so schlimm mit der Konkurrenz?» Und ich antwortete: «Es ist sogar noch viel schlimmer, weil Köche eitel sind.» So ging es hin und her, aber irgendwann einigten wir uns darauf, gemeinsam eine Betreibergesellschaft für das Restaurant zu gründen.

«Irgendwie kriegen wir das schon hin», wiederholte von Gerkan beim Abschied.

Ich flog zurück nach München und beschloss, am nächsten Tag bei Peter Schmuck zu kündigen. Ich wollte fair sein und ihm genügend Zeit lassen, einen Nachfolger zu finden. Doch einen Termin zu finden, erwies sich als schwierig. Als ich ihm nach zwei Wochen endlich erklären konnte, dass ich mich weiterentwickeln und mich selbständig machen wolle, reagierte er verständnislos und wütend. Ich konnte nur den Kopf schütteln. Eigentlich war es ein Entgegenkommen meinerseits gewesen, jetzt schon zu kündigen, ohne dass der Vertrag in Hamburg unterschrieben war – aber ich wollte Schmuck die Möglichkeit geben, meine Nachfolge in Ruhe zu regeln. Aber das sahen weder er noch die Geschäftsführerin so. In den kommenden Wochen ignorierten sie mich. Die Stimmung war miserabel, alle hatten schlechte Laune. Am liebsten wäre ich nicht mehr zur Arbeit gekommen, aber ich wollte das Ganze anständig zu Ende bringen. Und ich war froh, dass meine Kündigung ausgesprochen war. Selbst wenn Hamburg doch gescheitert wäre – es gab für mich kein Zurück mehr.

Ab dem Moment steckte ich all meine Energie in die Zukunft. Es ging jetzt darum, die Gesellschafterverträge zwischen von Gerkan und mir auszuhandeln – absolutes Neuland für mich. Ich wusste, ich brauchte einen guten Anwalt und ließ mir von Bekannten jemanden empfehlen. Wie nicht anders zu erwarten, waren die Verhandlungen mit von Gerkan alles andere als einfach. Wir machten Vorschläge, er machte Vorschläge, wir kamen nicht weiter. Immer wieder flog ich nach Hamburg, es war ein hartes Feilschen um jeden einzelnen Punkt. Irgendwann legte ich meinen Kopf auf seinen Schreibtisch und dachte: Oh Gott, wo bin ich hier nur hingeraten? Doch schließlich unterschrieben wir beide eine Einigung und überließen den Rest den Anwälten.

Endlich war der Weg frei, sich auf die Dinge zu konzentrieren, von denen ich mehr verstand. Zunächst einmal musste ein Eröffnungstermin festgelegt werden. Ende Februar 2005 hörte ich im Lenbach auf, im April wollten wir in Hamburg eröffnen: ein sehr sportliches Timing, zumal wir uns ja auch privat organisieren mussten. Wir entschieden, in Hamburg zunächst möbliert zu wohnen und unsere Münchner Wohnung zu halten, für alle Fälle. Wir nahmen uns ein Einzimmerapartment, das musste für den Anfang reichen; ohnehin würden wir wohl anfangs nur zum Schlafen dort sein. Eine realistische Einschätzung, wie sich zeigen sollte. Der Abschied aus München war sehr hart. Stephanie und ich gaben unser komplettes soziales Umfeld für eine neue, unbekannte Stadt und ein Abenteuer auf, von dem wir nicht wissen konnten, wie es ausgehen würde. Ein echter Sprung ins sehr kalte Wasser! Wir mieteten ein Auto, packten all unsere Habseligkeiten hinein und verabschiedeten uns von unseren Eltern. Meine Mutter brach in Tränen aus, auch meine Geschwister fingen an zu weinen – Hamburg war so weit weg! Ich stand da, mit Tränen in den Augen, und versuchte, sie zu beruhigen. Aber meine Fassung hielt nur so lange, bis ich zurück in unserer eigenen Wohnung war. Stephanie und ich lagen uns in den Armen und heulten beide, was das Zeug hielt. Uns war klar: Jetzt wird es ernst.

An einem schönen, klaren Wintermorgen fuhren wir mit dem Transporter Richtung Hamburg – auch für uns als Paar war es eine wichtige Entscheidung, diesen neuen Schritt in meiner Karriere gemeinsam zu gehen. Natürlich hätte ich es verstanden, wenn Stephanie zunächst lieber in München und ihrer gewohnten Umgebung geblieben wäre. Vermutlich hätte unsere Beziehung das aber nicht lange überstanden, die Distanz wäre zu groß und ich viel zu sehr in das neue Projekt eingebunden gewesen. Für Stephanie aber war von Anfang an klar gewesen, dass sie mitziehen würde. Sie gab alles auf, um mit mir nach Hamburg zu gehen, das war schon ein Commitment. Das schätze ich sehr an ihr: Sie ist keine Frau für halbe Sachen, hat einen starken Charakter und kann richtig anpacken, wenn es darauf ankommt. Diese erste Zeit im Norden intensivierte unsere Beziehung enorm, wir waren ja ganz auf uns alleine gestellt. Jeden Abend kochten wir in unserer kleinen Wohnung zusammen, und tagsüber waren wir im Le Canard und putzten. Ich hatte mich gegen eine Reinigungsfirma entschieden, und wir machten alles selbst. Nebenbei musste ich viel organisieren und auch mein Team zusammenstellen; einige von ihnen kamen aus München nach. Eine große Stütze für mich war Florian Pöschl, der schon im Lenbach mit mir gearbeitet hatte und dessen Talent ich immer gefördert hatte. Auch von Käfer kamen zwei Köche und eine Servicemitarbeiterin. Nicht ganz einfach war es, einen Restaurantleiter zu finden, der in einem Restaurant eine wichtige Rolle spielt, den Service dirigiert und der Küche je nach Organisationstalent das Leben leichter oder schwerer machen kann. Gute Leute kosten Geld, und wir konnten anfangs einfach nicht viel zahlen. Ich wollte unbedingt jemanden aus dem Norden, der auch die Hamburger Gäste kannte. Und ich hatte Glück: Ein Könner aus dem Landhaus Stricker auf Sylt wollte gerne nach Hamburg. Schließlich hatte ich mein Team zusammen: neben mir noch vier Köche, drei Servicekräfte und ein Spüler.

Bald sprach es sich in Hamburg herum, dass ein Verrückter aus München Viehhausers ehemaliges Restaurant an der Elbchaussee wiedereröffnen wollte. Die BILD bekam Wind davon und titelte: «Gibt es bald Edeldöner im Le Canard?» Auch das Hamburger Abendblatt meldete sich und führte ein kleines Interview mit mir. Der Journalist fragte: «Wissen Sie eigentlich, was Sie sich da für eine Nachfolge zutrauen? Josef Viehhauser war einer der besten Köche in Hamburg!» Mir war klar, dass ich erst einmal gegen den Schatten meines Vorgängers würde ankochen müssen. In diesem Zusammenhang taten wir uns auch mit einem Namen für das neue Restaurant nicht leicht. Sollte es weiter Le Canard heißen? Mir wäre ein anderer Name lieber gewesen – andererseits war der Name in der Hamburger Szene gut eingeführt, auch die meisten Taxifahrer kannten ihn, ein großer Vorteil. Schließlich kam von Gerkan auf die Idee, es «Le Canard Nouveau» zu nennen. Ich war nicht überzeugt, aber ich sah ein, dass es uns nützen konnte.

Für Mitte April hatte ich die Eröffnung geplant, und es kam der Tag, an dem wir probekochen wollten. Wir hatten eingekauft, schalteten die Kühlschränke an und stellen fest: Kein einziger funktionierte. Das durfte nicht wahr sein! Es stellte sich heraus, dass nicht nur die Leitungen kaputt waren, sondern auch die Kühlaggregate. So etwas passiert nicht von alleine – es machte ganz den Eindruck, als ob das jemand mutwillig zerstört hatte. Das Hauptproblem war, dass die Leitungen alle unterirdisch verliefen; es mussten also die Fliesen aufgeschlagen und alle Leitungen neu verlegt werden. Ich war verzweifelt, und ich hatte den Eindruck, als läge ein Fluch auf dem ganzen Objekt. Unsere Eröffnung würde sich um zwei Wochen verzögern – vor allem vor den Mitarbeitern war mir das sehr unangenehm. Ich hoffte, dass sie alle bei der Stange bleiben würden, denn ich konnte sie für die Zeit, die uns verlorenging, nicht bezahlen. Zu allem Überfluss hatten gerade in jenen Tagen auch Stephanies Eltern ihren Besuch angekündigt. Wir waren abends zum Essen verabredet, und unglücklicherweise hatten Stephanie und ich vorher zu Hause einen Streit – wie das eben passiert, wenn der Druck sehr groß ist. Als wir zu viert am Tisch saßen und ihre Mutter fragte: «Und, wie geht's Euch? Wie kommt Ihr voran?», fing Stephanie an zu weinen und konnte sich gar nicht mehr fassen. Es war schrecklich, eine sehr unangenehme Situation. Die Eltern schauten mich an, als sei ich schuld daran – dabei war es schlichtweg die Anspannung, die sich aufgestaut hatte. Natürlich verstand ich die Eltern – sie hätten ihre Tochter natürlich lieber in ihrer Nähe gehabt, zumal Stephanie vor allem zu ihrer Mutter ein sehr enges Verhältnis hat. Am nächsten Tag aber verblüfften mich die beiden. Sie kamen zu uns ins Le Canard Nouveau, wo wir immer noch putzten – und Stephanies Mutter, die schicke Münchner Dame, zog sich Gummihandschuhe an und schrubbte die Gästetoiletten! Das fand ich ausgesprochen cool von ihr.

So hangelten wir uns von Tag zu Tag. Irgendwann liefen auch die Kühlaggregate wieder, die Weinkarte war geschrieben, das neue Geschirr und Besteck angeliefert. Teller und Besteck hatte ich zunächst für 50 Personen eingekauft – das war vorsichtig kalkuliert. Zum Glück hatte ich günstige Konditionen aushandeln können, sowohl bei Robbe & Berking fürs Besteck als auch bei Dibbern fürs Geschirr. Dibbern ist ein Familienunternehmen, das sehr edles Tafelporzellan herstellt, und ich war eigens nach Frankfurt zur Messe «Ambiente» gefahren, um mit Herrn Dibbern persönlich zu sprechen. Das zahlte sich aus; er kannte das Le Canard, hatte schon gehört, dass es wiedereröffnen würde und war bereit, mir als jungem Koch sehr günstige Konditionen einzuräumen. Das habe ich ihm nie vergessen. Auf solche freundlichen Gesten war ich angewiesen, denn meine Ersparnisse reichten genau für drei Monate. Wenn wir dann kein Geschäft machten, würden wir pleitegehen. Ich würde den Laden zusperren und nach München zurückgehen müssen – so wie es mir Peter Schmuck drohend prophezeit hatte. Niemals würde ich ihm diese Genugtuung verschaffen!

Ich hatte viele schlaflose Nächte in jenen Wochen; es gab so unendlich viel zu bedenken, vor allem, weil mein Budget so knapp war. Ich musste auch selbst für Publicity sorgen; eine PR-Agentur konnten wir uns nicht leisten. Ich trug die Verantwortung für alles, in erster Linie natürlich für meine Mitarbeiter – eine zentnerschwere Last.

Trotz allem gelang es mir, optimistisch zu bleiben. Es waren gute Zeiten für eine Restauranteröffnung. 2005 zog die Wirtschaft nach der Krise von 2003 wieder an, die Leute gingen wieder essen – ideale Startbedingungen für uns. Endlich konnte ich einen Termin für die Eröffnung festsetzen: der 27. April 2005. Wir schrieben unsere erste Speisekarte – ein erhebender Moment! –, spielten mit dem Team alle Arbeitsabläufe durch, Geschirr, Gläser und Besteck wurden auf Hochglanz poliert und an ihren Platz geräumt, die Weine wurden in die Kühlschubladen einsortiert. Ich wollte perfekt vorbereitet sein, um am Ende des Tages sagen zu können: Der lange Weg hat sich gelohnt. Am Abend vor der Eröffnung gingen wir mit allen Mitarbeitern essen, ich hielt eine kurze Rede und bedankte mich für ihren Einsatz. Wir mussten als Team erst noch zusammenwachsen und ich bat sie, nachsichtig miteinander zu sein, freundlich miteinander umzugehen, auch wenn einmal etwas schief ginge.

Der Wettergott meinte es gut mit uns, der 27. April war ein strahlend schöner Tag. Die Sonne schien, alles war blitzblank geputzt. Es roch gut im Restaurant, wir hatten schon zwei Tage vorher angefangen, die Fonds zu produzieren, die Soßen zu kochen, hatten Fisch und Fleisch und auch Gemüse auf dem Hamburger Großmarkt eingekauft .

Da wir vorab kaum Publicity gemacht hatten, öffneten wir einfach die Türen und warteten. Und tatsächlich: Mittags waren auf Anhieb zwei oder drei Tische besetzt. Aber mir war klar, ich muss auch etwas dafür tun, bekannt zu werden. Also organisierte ich gleich in der ersten Woche einen Journalistenlunch. Ich rief ein paar Zeitungen an, mit denen ich im Vorfeld schon Kontakt gehabt hatte und lud sie ein, vorbeizukommen und sich einen Eindruck von meiner Küche zu verschaffen. Alle schickten jemanden, die BILD, das Hamburger Abendblatt, die Hamburger Morgenpost. Es war mir wichtig, sofort zu 100 Prozent gut aufgestellt zu sein, denn die Journalisten, die Gastrokritiker und die neugierigen Gäste kommen immer gleich am Anfang. Auch Meinhard von Gerkan kam am ersten Tag mit einigen seiner

Architekten vorbei. Er hatte noch nie bei mir gegessen, sondern mir blind vertraut. Nach dem Essen kam er in die Küche und klopfte mir auf die Schulter: «Das war spitze, Junge.» Mir fiel ein Stein vom Herzen: Meinen wichtigsten Gast hatte ich schon mal auf meiner Seite. In den ersten Tagen aßen viele Nachbarn bei uns und auch andere Hamburger Köche, die neugierig waren. Und schon nach zwei Tagen meldete sich der NDR: Sie wollten gerne einen Bericht über mich drehen. Ein echter Glücksfall, denn ich brauchte dringend Werbung. Damals gab es noch keine Social Media, wir waren auf Presse, Restaurantführer und Fernsehen angewiesen. Der Beitrag im NDR war fünf Minuten lang und brachte uns viele Gäste ins Haus.

Gleich zu Anfang musste ich viele strategische Entscheidungen treffen, die für den Erfolg des Restaurants ausschlaggebend waren, vor allem, was die Öffnungszeiten und die Preisgestaltung anging. Das fängt bei den kleinsten Details an, zum Beispiel der Frage, ob man für Brot und Butter Geld nimmt. Noch bevor der Gast kommt, hat man als Gastronom schon Geld investiert, in Tischdecke und Stoffservietten, Brot und Butter. Wir wollten anfangs nicht zu teuer sein, um niemanden abzuschrecken, andererseits aber von vornherein klarmachen, dass wir einen gewissen Anspruch haben und in die Fußstapfen des berühmten Le Canard treten, das eines der teuersten Restaurants der Stadt war. Wenn man zu günstig ist, macht sich bei bestimmten Gästen das Gefühl breit, dass das Essen nichts taugt – ein Balanceakt. Anfangs boten wir ein Abendmenü mit vier Gängen für 45 Euro an, mittags gab es ein günstiges Lunchmenü: zwei Gänge für 19 Euro, jeder weitere Gang kostete 9 Euro. Wir hielten ein großes À-la-carte-Angebot bereit, mit vier Vorspeisen, sechs Hauptgerichten und vier Desserts, dazu gab es das Mittags- und das Abendmenü. Ein großes Angebot, das der Küche viel abverlangte. Damals kamen mir meine Erfahrungen sehr zugute; bei Karl Ederer und im Tantris hatte ich gelernt, wie man wirtschaftlich arbeitet – dass man beispielsweise nicht nur mit Edelprodukten, die im Einkauf viel Geld kosten, kocht. Wie ich es im Tantris gelernt hatte, kaufte ich Lamm oder Reh im Ganzen ein und zerlegte es selbst. Wir hatten um die Osterzeit eröffnet, also war tolles Lamm im Angebot. Die edlen Teile wie die Schulter oder den rosa gebratenen Rücken gab es abends. Aus den weniger edlen Teilen wie Bauchlappen oder Hals machten wir eine Terrine, die wir mittags mit einem schönen Spargelsalat anboten. Das machte zwar Arbeit, aber es kam trotzdem insgesamt günstiger als nur Lammrücken einzukaufen. Ein weiterer Mehrwert: Auf diese Weise lernen die jungen Köche Respekt vor dem Produkt und klassisches Handwerk.

Mein Küchenstil knüpfte an das an, was ich in München im Lenbach begonnen hatte; er basierte auf der klassisch-französischen Schule und war mediterran geprägt. Das Angebot reichte vom Thunfisch-Sashimi mit Tabouleh bis zum Lamm mit Polenta-Parmesan-Soufflé, von der Rotzunge mit Zitronen-Tomaten-Confit und Kartoffeltrifolati bis zum Filet vom Angusrind, das ich in Côtes du Rhône pochierte und mit Zwiebelkompott servierte. Sehr wichtig war mir auch, gleich in der Anfangszeit den Umgang mit den Gästen zu pflegen. Jeden Tag kaufte ich mir alle Hamburger Zeitungen und las die Societykolumnen; so lernte ich, wer in Hamburg eine Rolle spielte und versuchte, mir die Gesichter und Namen zu merken, für den Fall, dass sie bei mir auftauchten. Eine wichtige Rolle spielten damals die Reeder. Das galt ganz besonders für das Le Canard Nouveau, denn von unserer Terrasse konnten sie auf ihre Schiffe schauen. Tatsächlich kam immer mal wieder ein Reeder vorbei und erzählte mir, in zwanzig Minuten fahre unten einer seiner Riesenfrachter mit einer Ladung von 9000 Containern vorbei, das wolle er sehen. Das war schon eine sehr eigene Welt und für mich als Münchner etwas gewöhnungsbedürftig.

Von Anfang an baute ich das Restaurant auch auf meinem Namen auf. Natürlich, in der Küche wollten wir 120 Prozent Leistung bringen, aber wenn man die Gäste an das Restaurant binden möchte, muss man auch Persönlichkeit zeigen, auf die Gäste zugehen, eine Beziehung zu ihnen aufbauen, damit sie irgendwann sagen, wir gehen zu Ali – statt ins Le Canard Nouveau. Glücklicherweise fällt es mir leicht, auf Menschen zuzugehen, ich mag den persönlichen Kontakt. Ich kochte immer den Fischposten und ging oft mit den Kellnern hinaus an die Tische, um das Essen selbst zu servieren, damit die Gäste einen Eindruck von mir haben und auch wissen, dass ich tatsächlich da bin. Ich sprach damals noch sehr mit bayerischem Dialekt und begrüßte die Gäste am Tisch anfangs mit «Grüß Gott» oder «Servus», so wie ich es aus München gewohnt war. Aber ich lernte rasch, dass das in Hamburg nicht so gut ankam.

Ein schwieriges Kapitel waren die ehemaligen Viehhauser-Stammgäste. Etliche von ihnen ließen mich deutlich spüren, dass ich in ihren Augen nie an ihn heranreichen würde; bisweilen hatte ich fast das Gefühl, sie nahmen mir übel, dass ich das Le Canard übernommen hatte. Dabei hatte ich ihn ja nicht verdrängt; sein Streit mit von Gerkan hatte nichts mit mir zu tun. Vielleicht waren einige auch enttäuscht, weil sie von uns nicht so betüdelt wurden, wie sie es gewohnt gewesen waren. Mich nervte es jedenfalls, immer mit ihm verglichen zu werden. Ich erinnere mich an einen Vierertisch mittags; sie hatten Nudeln mit Hummer bestellt. Während sie aßen, gaben sie Kommentare ab, laut genug, dass der Service alles mitbekommen konnte: «Das wird so nichts, das ist nicht das Le Canard, das kann man mit Josef nicht vergleichen.» Als sie gingen, verabschiedete ich mich von Ihnen und versuchte, mit ihnen ins Gespräch zu kommen, aber sie waren sehr arrogant und einfach nicht offen für etwas Neues. So etwas traf mich, weil ich das Gefühl hatte, für etwas bestraft zu werden, wofür ich gar nichts konnte. Durch diesen Druck, mich zu beweisen, schlief ich in vielen Nächten sehr schlecht. Ich war noch jung, und in vielen Bereichen fehlte mir einfach die Erfahrung. Den Umgang mit negativer Kritik musste ich jedenfalls erst einmal lernen. Ein harter Schlag war es auch, als wenige Wochen nach der Eröffnung eine sehr unfreundliche Kritik in der Welt am Sonntag erschien. Die Teller seien amateurhaft angerichtet gewesen, hieß es dort, der Spinat sei versalzen gewesen, der Fisch zu durch, es war ein echter Schlag ins Gesicht. Ich war am Boden zerstört und fürchtete, die Gäste könnten nun ausbleiben. Gleichzeitig wurde ich das Gefühl nicht los, dass auch viele Journalisten mich mit Viehhauser verglichen; dabei hatte ich überhaupt nicht den Anspruch, so zu kochen wie er. Ich wollte meinen eigenen Weg finden, mit guten Produkten und einer geradlinigen, ehrlichen Küche im mediterranen Stil. Nach dieser Kritik war meine anfängliche Euphorie erst mal verflogen. Aber glücklicherweise kamen die Gäste weiterhin, und ich ließ mich nicht unterkriegen; wir machten einfach weiter und hatten gut zu tun. Trotzdem gab es nach zwei Monaten einen finanziellen Engpass. Wir hatten einfach zu viel Geld in die Eröffnungsphase stecken müssen, und jetzt fehlten mir die Mittel, um die Gehälter zu zahlen und Rechnungen zu überweisen. In dieser Situation wusste ich mir nicht anders zu helfen, als Meinhard von Gerkan um einen Kredit zu bitten. Er war einverstanden, denn er sah, wie sehr wir um den Erfolg kämpften. Glücklicherweise musste ich seine Hilfe nur dieses eine Mal in Anspruch nehmen, und wir konnten ihm das Geld bald zurückzahlen.

Anfangs war ich sehr vorsichtig, auch im Einkauf. Lieber kaufte ich nur einen Steinbutt ein als zwei, und wenn das Geschäft gut war, orderte ich einen nach. Auch die Weinkarte hielten wir eher klein; wir mussten erst einmal ein Gefühl für den Geschmack und die Gewohnheiten unserer Gäste bekommen. Was mich wirklich ärgerte, waren die ständigen blöden Sprüche von Gästen, aber leider auch von Kollegen, wann wir denn endlich Döner servieren würden. Ewig wurde auf diesem blöden Döner herumgehackt. Diese Türkenwitze verfolgten mich nun schon seit meiner Lehre, aber vor den Gästen musste man gute Miene zum bösen Spiel machen. Leider machten mir auch einige Kollegen das Leben schwer; sie gaben mir zu verstehen, dass ich als Münchner nicht einfach daherkommen und eine Hamburger Institution übernehmen könne. Eine Kollegin kritisierte nach dem Essen einmal meine Ente. Die Ente sei das Vorzeigegericht von Viehhauser gewesen, es sei unmöglich, dass ich die Ente anders zubereite. Ich traute meinen Ohren nicht: Durfte ich nie wieder Ente servieren, nur weil es ein Viehhauser-Klassiker gewesen war?

Le Canard – Die berühmte Ente

Wenn man ein Restaurant führt, das Le Canard heißt, dann ist es fast zwangsläufig, dass man Ente anbietet. Als ich neu nach Hamburg kam, schwärmte alle Welt von der Ente meines Vorgängers. Das war natürlich eine echte Herausforderung – ich musste aus seinem Schatten heraustreten und meinen Gästen ein eigenes, außergewöhnliches Entengericht bieten. Ich überlegte lange und beschloss endlich, die Ente im Ganzen für zwei Personen zu servieren – geschmacklich ist das unübertroffen und man bekam es damals nur noch selten. Entscheidend ist hier natürlich ein exzellentes Produkt – wir bezogen von einem Hamburger Metzger eine Vierländer Ente. Tipp: Am besten wird die Ente, wenn sie «dry-aged» ist: einfach an einem kühlen Ort (circa 1 °C) ein paar Tage stehen lassen, sodass die Haut richtig antrocknet – auf diese Art souffliert sie im Ofen besonders schön.

1 küchenfertige Ente (ca. zwei Kilo)
Salz, Pfeffer

500 g frische Preiselbeeren (zur Not auch tiefgekühlte)
175 g Kristallzucker
¼ Vanilleschote
2–3 Scheiben Ingwer
Zeste von ¼ Bio-Orange

Kalt gerührte Preiselbeeren
Die Vanilleschote auskratzen und alle Zutaten in einer Schüssel mit einem Küchenspachtel vorsichtig vermengen, damit die Beeren nicht kaputtgehen. Anschließend an einem warmen Ort stehen lassen und

immer wieder behutsam mischen, bis sich der Zucker komplett aufgelöst hat.

Ente

Ofen auf 180 °C vorheizen. Die Ente von innen salzen und pfeffern. Außen nur salzen (der Pfeffer würde im Ofen verbrennen). Die Ente 50 Minuten im Ofen braten, dann weitere 20 Minuten bei 220 °C, bis sie schön gebräunt ist. Aus dem Ofen nehmen, auslösen und mit den Preiselbeeren servieren. Dazu passen Sellerie- oder Kartoffelpüree und Rotkohl, der durch getrocknete Sauerkirschen oder getrocknete Feigen eine orientalische Note bekommt.

Gleich innerhalb der ersten drei Monate war auch ein Tester des Michelin bei uns; nach dem Essen stellte er sich vor, das ist so üblich. Wir unterhielten uns, aber ich machte mir keine Hoffnungen, gleich im ersten Jahr einen Stern zu holen. Das war auch nicht mein Ziel. Ich wollte einfach erst einmal ankommen, ich wollte, dass das Restaurant sich trägt, gut läuft und wir uns einen guten Gästekreis aufbauen konnten. Meinhard von Gerkan war in dieser Anfangszeit eine große Unterstützung. Er kam fast jeden Tag zum Essen, oft mit Mitarbeitern, Geschäftspartnern oder Kunden, sein Büro befand sich ja im Haus. Er wirkte für uns als guter Multiplikator, denn er war und ist ja in Hamburg sehr bekannt. Er brachte uns viele namhafte Gäste, auch internationales Publikum. Natürlich lag es auch in seinem Interesse, uns zu unterstützen – aber nach den schwierigen Verhandlungen verhielt er sich immer sehr fair und ließ mir freie Hand. Wir verstanden uns gut, auch menschlich. Er nahm für mich fast so etwas wie eine Vaterrolle ein, zumal ich anfangs in Hamburg kaum Menschen kannte, mit denen ich offen reden konnte. Wenn er namhafte

Gäste mitbrachte, stellte er mich immer vor, das war ein sehr netter Zug von ihm.

Nach und nach gewannen wir immer mehr Stammgäste. Wir hatten Glück: Der Sommer war schön und brachte viele stimmungsvolle Terrassenabende. Trotzdem blieb ich sparsam. Wir hatten keine eigenen Stühle für die Terrasse gekauft. Bei gutem Wetter trugen wir die Stühle hinaus, und wenn die Gäste gegangen waren, trugen wir sie wieder hinein. Das war mühsam, weil an warmen Abenden manche bis weit nach Mitternacht sitzen blieben, aber es sparte uns in der Anfangszeit eben Geld.

Stephanie trat nicht aktiv im Restaurant auf, aber sie half mir sehr viel hinter den Kulissen. Das Administrative musste ja auch funktionieren. Anfangs kam eine Freundin aus München einmal im Monat nach Hamburg, um die Buchhaltung zu machen, und sie brachte Stephanie nach und nach bei, wie man Tagesabrechnungen und Monatsabschlüsse macht. Glücklicherweise hatte meine Freundin ein Händchen dafür, sie übernahm bald alles selbst und hielt mir so den Rücken frei. Sie schrieb auch die Speisekarte, führte die E-Mail-Korrespondenzen, übernahm die Organisation für das Catering und sogenannte Bankettgeschäft, wenn wir kleinere oder größere Gruppen im Restaurant bewirteten. Im ersten Jahr ging ich sogar montags, unserem Ruhetag und meinem einzigen freien Tag, fast immer ins Le Canard Nouveau. Mit meiner Freundin bekam ich deswegen manchmal Ärger – aber ich musste einfach alles tun, um das Restaurant zum Erfolg zu führen. Und ich wollte nicht, dass Gäste anriefen und ihr Reservierungswunsch nicht sofort bestätigt wurde – sie hätten ja auf die Idee kommen können, anderswo zu buchen. Ich verbrachte also jeden Montag etliche Stunden im Restaurant, aber ich schätzte diese Zeit, die ich ganz für mich alleine hatte. So konnte ich mir konzeptionelle Gedanken machen oder Gourmetzeitschriften lesen. Manchmal kamen nur zwei Anrufe, aber mal waren es auch zehn, und dann hatte es sich in jedem Fall gelohnt.

Im zweiten Jahr machte ich das nicht mehr; da hatte ich schon an

Selbstvertrauen gewonnen und konnte alles etwas sportlicher nehmen. Aber auch wenn wir von Anfang an ein gutes Geschäft machten, ging es doch immer wieder auf und ab. Am Wochenende waren wir ausnahmslos gut besucht, aber in der Woche war es schlecht einzuschätzen, was auf uns zukam – schwierig für den Einkauf. Damals änderte sich auch das Gästeverhalten immer mehr; früher plante man einen Restaurantbesuch eine oder mehrere Wochen im Voraus, jetzt wurde es immer spontaner und damit für uns Gastronomen schwer planbar.

Das erste Jahr verging wie im Flug, und zu Silvester konnten wir eine positive Bilanz ziehen. Wir hatten es geschafft, uns in der neuen Umgebung zu etablieren und einen guten Gästestamm aufzubauen. Der Restaurantführer Gault & Millau zeichnete uns im November mit 15 Punkten aus, das war eine wichtige Anerkennung für die Mannschaft. Wir starteten also durchaus optimistisch und mit mehr Selbstvertrauen ins neue Jahr. Zu Recht, wie sich zeigen sollte. 2006 war nicht nur das Jahr, in dem ich 30 Jahre alt wurde; es war durchweg ein sehr wichtiges und erfolgreiches Jahr für mich, ein Jahr, in dem es so richtig krachen sollte. Das begann schon im Frühjahr mit einer großen Neuigkeit. Eines Tages kam ein Brief; mir wurde mitgeteilt, ich sei für die Ausstellung «100 Köpfe von morgen – Deutschland, Land der Ideen» nominiert. Ich verstand nur Bahnhof. Ehrlich gesagt, hielt ich das zuerst für ein unseriöses Angebot. «Das ist doch bestimmt ein Witz», sagte ich zu Stephanie. Ich recherchierte dann aber doch, was es mit der Sache auf sich hatte und entdeckte: Das war großartig! «100 Köpfe von morgen» war als Ausstellung in Berlin geplant, auch ein Buch sollte erscheinen. Das Ganze war Teil der Standortinitiative «Deutschland, Land der Ideen», dahinter stand die Bundesregierung. Die Ausstellung sollte am 30. Mai 2006 im Deutschen Historischen Museum in Berlin eröffnet werden und 100 Personen unter 40 Jahren vorstellen, denen aufgrund ihrer Kreativität und Leistungsbereitschaft eine aussichtsreiche Zukunft vorausgesagt wurde. «Wie kommen die denn auf mich?», sagte ich zu Stephanie. Gemeinsam gingen wir die Liste der Nominierten durch und trauten unseren Augen nicht: Ich stand in einer Reihe mit Persönlichkeiten wie dem Regisseur und späteren Oscar-Preisträger Florian Henckel von Donnersmarck, den Schauspielern Daniel Brühl und Julia Jentsch, dem Trompeter Till Brönner und der heutigen Gruner+Jahr-Chefin Julia Jäkel. Auch die Tourismusunternehmerin Nina Öger, wie ich mit türkischen Wurzeln, war dabei. Drei Köche waren nominiert, neben mir auch die heutigen Drei-Sterne-Köche Christian Bau und Klaus Erfort. Jeder von uns sollte in der Ausstellung mit einem Foto in Lebensgröße und einer Kurzbiographie vorgestellt werden. Ich wurde zur Eröffnung nach Berlin eingeladen. Es war schon ein erhebender Moment, als ich mir da selbst im Museum gegenüberstand, unter all diesen Persönlichkeiten. Zwei Wochen später wurde ich nochmals nach Berlin gebeten, weil die Bundeskanzlerin sich die Ausstellung ansah. Es war eine Veranstaltung im kleinen Rahmen, wir waren nur eine Handvoll Preisträger, und jeder wurde Angela Merkel persönlich vorgestellt.

2006 begann auch die Sache mit dem Fernsehen. Der NDR rief an und fragte, ob ich mir vorstellen könnte, in einer Nachmittagssendung live vor der Kamera zu kochen. Ich hoffte, dass mir das auch im Restaurant neue Gäste bringen würde und sagte zu. Die Sendung hieß «DAS am Nachmittag» (heute: «Mein Nachmittag») und wurde unter der Woche täglich ausgestrahlt. Jeden Tag durften sich die Studiogäste ein Gericht wünschen, das dann live gekocht wurde. Es waren meist klassische Gerichte, mal Wiener Schnitzel, mal Zwiebelrostbraten oder Rinderfilet. Glücklicherweise hatte ich solche Klassiker während meiner Ausbildung im Wirtshaus zur Genüge gekocht, das konnte ich mit links. Schwierig wurde es nur, wenn Gäste sich regionale Spezialitäten aus ihrer Heimat wünschten. Einmal war das «Westfälischer Pfefferpotthast» – keiner von uns hatte je davon gehört. Da mussten wir zunächst recherchieren und fanden heraus, dass es eine Art Rindergulasch mit vielen Gewürzen war. Für «DAS am Nachmittag» waren neben mir auch noch andere Köche im Einsatz, jeder von uns bestritt jeweils eine Woche. Das war anstrengend, weil ich es mit der laufenden Arbeit im Restaurant ver-

2006 bei der Ausstellung «100 Köpfe von morgen» in Berlin mit Kanzlerin Angela Merkel und weiteren Protagonisten

einbaren und zwischen Mittags- und Abendservice noch ins Studio zur Aufzeichnung fahren musste. Glücklicherweise lagen die NDR-Studios nicht weit entfernt vom Le Canard Nouveau. Anfangs war ich an den Drehtagen ziemlich nervös, weil die Arbeit vor der Kamera für mich komplettes Neuland war. Es ging ja nicht nur darum zu kochen, sondern auch, über das Gericht zu sprechen und etwaige Fragen des Moderators oder der Gäste zu beantworten. Da wollte ich unbedingt eine gute Figur machen!

Die Presse meinte es insgesamt sehr gut mit uns, und ich lernte immer mehr Leute kennen, die mir auf meinem Weg helfen konnten. Allmählich verstand ich auch die Hamburger Mentalität besser. Man gibt sich dort anfangs eher zurückhaltend, reservierter, als ich es aus München kannte. Aber irgendwann schlossen sie mich dann doch in ihr Herz. Wir hatten bald viele einflussreiche Persönlichkeiten unter unseren Gästen, zum Beispiel den Unternehmer Jürgen Großmann, der kurz darauf RWE-Vorsitzender wurde und ein ausgesprochener

Genießer war, Hartmut Mehdorn, den damaligen Vorstandsvorsitzenden der Deutschen Bahn, oder die international bekannten Schweizer Architekten Jacques Herzog und Pierre de Meuron. Sehr imponiert hat mir auch Dr. Michael Otto, der den Versandhandel seiner Familie zu einem weltweit operierenden Unternehmen ausbaute und zu den reichsten Menschen in Deutschland zählt. Er war immer ausgesucht höflich, sprach meinen Nachnamen – der ja nun wirklich nicht einfach ist – stets perfekt aus (das «ş» am Ende wie ein weiches «sch»). Und seine Frau erkundigte sich, wie es meiner Familie ginge. Das berührte mich wirklich. Solche Persönlichkeiten machen vor, dass man auch in einer gesellschaftlich äußerst exponierten Stellung seine Menschlichkeit bewahren kann.

Zu den Gästen, an die ich immer zurückdenken werde, zählt auch Jan Philipp Reemtsma. Als junger Mann hatte ich seine dramatische Entführung vor dem Fernseher miterlebt und großen Anteil daran genommen. Und nun saß er plötzlich in meinem Restaurant, sehr offen, freundlich und höflich, eine beeindruckende Persönlichkeit. Er kam ohne Bodyguards, nur mit seiner Frau; ich weiß nicht, wie man das schafft nach solch einem Horrortrip. Wir haben uns später ganz gut kennengelernt, er kam regelmäßig, feierte sogar Weihnachten bei uns im Le Canard Nouveau, und ich durfte auch bei ihm zu Hause kochen.

Je besser das Restaurant lief, desto öfter konnten wir uns nun auch Zeit nehmen, an der Küchenleistung zu feilen, Rezepte zu verfeinern, uns kulinarisch weiterzuentwickeln. Besondere Aufmerksamkeit schenkte ich nun dem Thema Gemüse – heute ist das selbstverständlich, damals war es noch unüblich. So kombinierten wir zum Beispiel kandierten Rettich zu feinen Ochsenschwanzravioli oder fein würzigen Radieschensalat zu gebratenem Oktopus. Sehr beliebt bei den Gästen war unser «grüner Espresso-Macchiato», ein kräftiges Gebräu aus Erbsen, Zuckererbsen und Steinpilzpuder. Gelegentlich leistete ich mir auch kleine Ausflüge in asiatische oder orientalische Gefilde und richtete zum Beispiel Adlerfisch mit Hummerschaum auf einem Bett aus getrockneten Feigen und Pflaumen, Koriander, Minze, Fenchelsaat und Curry an.

Im Sommer 2006 wurde die Fußballweltmeisterschaft in Deutschland ausgetragen, und die unglaublich positive Stimmung wirkte sich natürlich auch auf die Gastronomie aus. Unsere schöne Terrasse war jeden Abend rappelvoll; wir konnten die Früchte unserer bisherigen Arbeit ernten.

Es wurde Herbst und ich war so im Schwung, dass ich gar nicht daran dachte, dass es bald wieder Zeit für das Erscheinen der namhaften Restaurantführer war. Eines Montags im November hatte ich, wie immer an meinen freien Tagen, mal so richtig ausgeschlafen. Beim Aufwachen war ich erstaunt, wie viele Nachrichten und Anrufe mein Handy anzeigte. Was war denn da los? Gleich klingelte das Telefon erneut und ein bekannter Weinhändler war dran: «Herzlichen Glückwunsch zum Stern!» Ich war völlig perplex, aber schon kamen die nächsten Anrufe und Gratulationen. Es war ein sehr emotionaler Moment. Ich weinte vor Freude, Stephanie und ich lagen uns in den Armen, wir waren völlig überwältigt. Wir hatten uns mittlerweile eine Wohnung direkt gegenüber vom Le Canard Nouveau genommen, und nachdem ich wieder etwas zu mir gekommen war, ging ich über die Elbchaussee und setzte mich ins Restaurant. Ich wollte einfach nur für mich sein. Ich nahm mir ein Glas Wein, schaute aufs Wasser und kostete einfach den Moment aus. Ein Gefühl von großem Stolz erfasste mich. Ich hatte es geschafft.

Dann telefonierte ich mit meinen Eltern, um ihnen die große Nachricht mitzuteilen. Sie reagierten sehr emotional und weinten beide am Telefon. Für sie war es eine große Erleichterung, weil sie sich Sorgen gemacht hatten, ob ich es schaffen würde, so ganz alleine da oben im Norden. Der Zweite, den ich anrief, war Karl Ederer. Ich hatte ihm viel zu verdanken, und er war und ist mir immer noch ein wichtiger Mentor. Danach informierte ich meine Köche, denn es war ja auch ihr Stern. Sie waren alle überglücklich. Am nächsten Tag kam Meinhard von Gerkan mit seiner Frau, um zu gratulieren, und die Presse verkündete die gute Nachricht: Das Le Canard Nouveau hat einen Stern! Es hagelte Gratulationen, auch aus der Branche. Selbst Heiner Finkbeiner, Patron der legendären Traube Tonbach, schrieb mir, das berührte mich sehr. Auch die Kollegen vom Landhaus Scherrer, der Hamburger Institution schräg gegenüber an der Elbchaussee, gratulierten, und Jost Deitmar, damals General Manager des ebenfalls an der Elbchaussee gelegenen Hotels Louis C. Jacob, fügte ein handschriftliches PS hinzu: «Willkommen im Club!» Da wusste ich: Jetzt gehöre ich dazu, selbst unter den hanseatischsten Hanseaten.

Es war deutlich zu spüren, wie sich die Stimmung uns gegenüber änderte. Schlagartig kamen noch mehr und neue Gäste, und der Umsatz stieg. Klar, wir hatten die Preise nach dem Stern ein wenig erhöht, aber nun wurden generell auch mehr gute und teure Weine bestellt, der eine oder andere Montrachet oder Tignanello getrunken. Es war interessant zu sehen, welche Wirkung diese Auszeichnung hatte, dabei hatte sich im Restaurant nichts verändert – aber die Wahrnehmung der Gäste war anders. Ein Erlebnis brachte das für mich auf den Punkt: Ein Ehepaar kam zum Essen und äußerte sich sehr zufrieden. Hinterher sagten sie mir, sie seien nicht zum ersten Mal da, aber früher seien wir noch günstiger und nicht so gut gewesen. Dann fügte die Dame wortwörtlich hinzu: «Jetzt seid Ihr teurer, das Publikum ist besser und die Küche auch.» Natürlich freute ich mich über das gesteigerte Interesse, aber es gab mir auch zu denken. Wir kochten schon lange auf diesem Niveau, aber so richtig würdigen konnten viele das anscheinend erst nach der offiziellen «Bestätigung» durch den Guide Michelin. Wenn man ins «Sternerestaurant» geht, ist man wohl auch bereit, andere Preise zu bezahlen. Innerhalb von einem Jahr erlebten wir jedenfalls ein Umsatzplus von fast 25 Prozent, das war schon erstaunlich. Ich hatte es geschafft. Der Erfolg war da – aber damit wuchs auch der Druck.

Herzrasen und Psychotherapie – *Die Schattenseiten von Erfolg und Fernsehruhm*

Seit ich denken kann, hatte ich vier Ziele im Leben: Ich wollte ein eigenes Restaurant haben. Ich wollte einen Stern erkochen. Ich wollte ein Kochbuch schreiben. Und ich wünschte mir einen Sohn. Mit 30 Jahren hatte ich die ersten beiden Ziele erreicht. Aber der Preis war hoch. Seit ich in Hamburg lebte, arbeitete ich extrem hart, praktisch ohne Unterbrechung, denn das Le Canard Nouveau war nach wie vor sechs Tage die Woche geöffnet, dazu kam noch die Arbeit für das Fernsehen. In den Wochen, in denen ich beim NDR für «DAS am Nachmittag» drehte, ging ich morgens in aller Frühe einkaufen, bereitete dann im Restaurant alles vor, kochte den Mittagsservice. Um 14 Uhr 30 packte ich meine Sachen, fuhr ins Studio und kochte dort live. Anschließend ging es zurück ins Le Canard zum Abendservice, und irgendwann, oft erst weit nach Mitternacht, fiel ich ins Bett. Ich empfand meine Arbeit nie als Belastung, es machte mir Spaß, und solange man jung ist, lebt man ohnehin in der Überzeugung, man habe unendlich viel Kraft. In meiner Anfangszeit an der Elbchaussee war ich voller Adrenalin, ich dachte, ich könnte Wände einreißen. Die Quittung kam dann später: In meinem dritten Hamburger Jahr bemerkte ich erste Ermüdungserscheinungen.

Eines Tages stand ich an der Bar im Le Canard Nouveau und unterhielt mich mit einem Gast. Plötzlich merkte ich, dass mir schwindlig wurde. Ich musste mich an der Theke festhalten, um nicht umzufallen und fing an, unglaublich zu schwitzen. Das war das erste Signal. In den kommenden Wochen passierte das immer wieder. Es war die pure Überlastung, sowohl körperlich als auch im Kopf. Ich lebte einfach ungesund: kein Sport, wenig Schlaf, unregelmäßige Ernährung. Ein Glück, dass ich nicht rauchte und nur ab und zu ein Glas Wein trank. Aber der konstante Schlafmangel forderte nun seinen Tribut. In diesen Tagen sollte ich ein Fotoshooting für die Zeitschrift Focus machen. Wir wollten gerade anfangen, da bekam ich fürchterliche Magenkrämpfe. Ich musste mich auf den Boden legen, ich konnte nichts tun. Irgendjemand gab mir Tabletten, aber es wurde nicht besser. Die Schmerzen waren unerträglich, sie kamen und gingen, etwa im Halbstundentakt. Dieses Erlebnis machte mir richtig Angst. Ich wusste, ich musste etwas ändern. Ich beschloss, ab sofort das Restaurant sonntags nicht mehr zu öffnen, damit ich zwei volle Tage freinehmen konnte.

Nachdem ich mir so etwas Luft verschafft hatte, fühlte ich mich wieder besser, und ich hatte den Kopf etwas freier, um mir Gedanken über mein Leben zu machen. Es konnte nicht sein, dass mein Alltag nur daraus bestand, jeden Tag 14 bis 16 Stunden zu arbeiten. Drei meiner selbst gesteckten Ziele hatte ich erreicht – der Verlag Collection Rolf Heyne hatte mich angesprochen, und ich war glücklich, mein erstes Kochbuch mit einem so guten Haus realisieren zu können. Nun fehlte nur noch der Sohn! Stephanie und ich waren schon über zehn Jahre zusammen, das Restaurant lief, es sah alles danach aus, dass wir länger in Hamburg bleiben würden. Es schien mir der richtige Zeitpunkt, um eine Familie zu gründen. Immer öfter kreisten meine Gedanken um das Thema. Auch Stephanie konnte sich das gut vorstellen. Eines Tages war es so weit: Sie war schwanger. Wir waren überglücklich. Und schließlich hatte der Arzt noch eine Nachricht für uns: Es war ein Junge! Ich war begeistert: Auch mein vierter Wunsch erfüllte sich. Stephanie ging es gut während der Schwangerschaft, ihr Bauch wurde immer dicker. Ich fütterte sie aber auch gut. Ein paar Monate vor dem Geburtstermin bekamen wir noch einen weiteren Familienzuwachs: Stephanie wünschte sich einen Hund. Ich war zunächst dagegen – aber dann gab ich nach und schenkte ihr einen Mops, den wir Dietmar nannten.

Und dann kam der 27. August 2009. Früh am Morgen zwickte mich Stephanie in die Wange: «Ich glaube, es ist soweit.» Mit einem Schlag war ich hellwach. Am Tag zuvor hatte sie noch bei mir im Restaurant vorbeigeschaut und sich beklagt, wie mühsam es bei der Hitze mit dem dicken Bauch sei, sie könne nicht mehr. Zum Trost hatte ich ihr ein Chilibrot gemacht, mit ordentlich Oliventapenade und Chili, richtig schön scharf. Ich hatte gehört, dass Schärfe die Wehen auslösen kann – wer weiß? Jedenfalls war sie sich ihrer Sache nun sicher, und die Wehen kamen schon recht regelmäßig. Trotzdem beschlossen wir, noch frühstücken zu gehen; wir waren wirklich cool. Vor allem Stephanie: Sie saß mir gegenüber, biss in ihr Brot und verzerrte zwischendurch immer wieder das Gesicht. Kurz vor neun Uhr waren wir in der Klinik, und sie wurde an den Wehenschreiber angeschlossen. Es sei alles in Ordnung, sagte der diensthabende Arzt, aber das Kind sei sehr groß. Er empfahl einen Kaiserschnitt, um Komplikationen zu vermeiden. Wir stimmten zu, allerdings waren alle Kreißsäle besetzt. Wir mussten warten, also dachten wir, dass wir auch ins Restaurant fahren könnten, damit ich den Mittagsservice koche – wir waren an jenem Tag ausgebucht. Wir vereinbarten, um 14 Uhr wieder zurück zu sein, und Stephanie kam mit ins Le Canard. Wir hatten wirklich Nerven!

Alles ging gut, pünktlich um 14 Uhr standen wir wieder im Kreißsaal, und um 16 Uhr 21 Uhr war unser Sohn da! Er war 55 Zentimeter groß und wog 4300 Gramm. «Ein Riesenbrummer», sagte der Arzt. Ich nahm meinen Sohn auf den Arm, durfte die Nabelschnur durchtrennen – ein sehr bewegender Moment. Mit einem Mal trug ich die

Verantwortung für ein Kind, unglaublich. Es war sehr ergreifend, aber wir mussten auch lachen, weil er mit einer richtigen Boxernase zur Welt kam – der Arzt erklärte uns, dass er zuletzt wenig Platz gehabt hatte, aber das werde sich rasch legen. Als Stephanie wieder auf ihrem Zimmer war, fuhr ich ins Le Canard Nouveau und ließ für uns ein fürstliches Buffet zusammenstellen, mit Vorspeisen, Fisch- und Fleischgang, Dessert und einem schönen Rotwein, ein Nuit-St.-Georges, das weiß ich noch genau. Das brachte ich alles in die Klinik, und wir feierten die Geburt unseres Sohnes sehr stilvoll. In der ersten Woche übernachtete ich bei den beiden in der Klinik, aber tagsüber und abends musste ich arbeiten, das Restaurant lief ja weiter.

Wir nannten unseren Sohn Marlon, nach Marlon Brando, den ich in «Der Pate» großartig fand. Aber er sollte auch einen türkischen Namen bekommen, deshalb gaben wir ihm einen zweiten Namen, Şahin, «der Falke». Auch die Frage des Nachnamens war zu klären, denn wir waren nicht verheiratet. Ich hatte mir darüber viele Gedanken gemacht. Klar, mit dem deutschen Nachnamen der Mama würde er es in vielen Dingen leichter haben. Aber hätten wir ihm damit wirklich einen Gefallen getan? Ich wollte ihm bewusst meinen türkischen Nachnamen geben, auch wenn er damit in der Schule, im Alltag, vielleicht auch später im Berufsleben das eine oder andere Problem haben könnte. Aber aus eigener Erfahrung wusste ich, dass er so lernen würde, zu kämpfen und sich durch solche kleinen Nadelstiche nicht aus der Bahn werfen zu lassen. Stephanie war einverstanden. Ich empfand großen Stolz, als ich beim Standesamt den Namen Marlon Şahin Güngörmüş angab.

Die erste Zeit als junge Familie erlebten wir als sehr schön, aber auch sehr anstrengend. Wir waren ganz auf uns alleine gestellt, die Verwandtschaft wohnte weit weg in München, und ich konnte im Restaurant leider nicht kürzer treten; dafür waren wir zu knapp besetzt, und ich hatte alles auf mich zugeschnitten. So blieb zu Hause alles an Stephanie hängen; ihr Leben änderte sich von einem Tag auf den anderen komplett. Sie war nicht mehr flexibel und saß nun viel zu Hause, mit einem kleinen Kind und einem Mops. Sie machte das großartig, organisierte sich gut und schaffte nebenbei auch noch die Buchhaltung für das Restaurant. Trotzdem war diese Zeit für unsere Beziehung nicht einfach. Stephanie beklagte zu Recht, dass ich so selten zu Hause war; ich ging morgens früh zur Arbeit und kam nach dem Mittagsservice nach Hause, um sie ein wenig zu entlasten und mein Kind zu sehen. Ich fütterte Marlon oder wechselte die Windeln, das hatte ich schon bei meinem kleinen Bruder gelernt. Schwierig blieben die Nächte. Ich kam erst nach Mitternacht nach Hause und brauchte dringend ein paar Stunden Schlaf. Aber der Kleine wurde alle zwei Stunden wach und wollte gestillt werden. Wir konnten keine Nacht mehr durchschlafen, und nach einem halben Jahr war ich am Ende. Ich hatte neben dem Restaurant auch noch das Fernsehen und merkte, dass mir diese Belastung immer mehr zusetzte. So müde und lustlos kannte ich mich gar nicht.

Am Neujahrstag 2011 machte mein Körper nicht mehr mit. Wir hatten Silvester gearbeitet und fuhren am 1. Januar nach München, um ein wenig Zeit mit der Familie zu verbringen. Kurz vor Hannover merkte ich plötzlich: Irgendetwas stimmt nicht. Mir wurde übel, ich war nervös und zitterte am ganzen Körper. Ich konnte mich kaum noch auf den Verkehr konzentrieren. Ich wollte aber nichts sagen, um Stephanie keine Angst zu machen. Mein Herz raste, ich spürte, wie das Blut pumpte. Bei der nächsten Ausfahrt fuhr ich von der Autobahn und hielt an einer Tankstelle. Ich versuchte, mich zu beruhigen. Vielleicht hatte ich einfach zu wenig gegessen? Das passiert mir manchmal, wenn viel zu tun ist. Ich wusch mir auf der Toilette Gesicht und Hände, kaufte Mineralwasser und belegte Brötchen und bat Stephanie, mich am Steuer abzulösen. Sie fragte, was los sei, aber ich brachte es nicht fertig, ihr die Wahrheit zu sagen. Während der restlichen Fahrt bekam ich keinen Bissen herunter und spürte echte Panik; ich wusste nicht, was ich machen sollte.

In den folgenden Tagen kam das Herzrasen immer wieder, überfallartig, beim Essen mit meinen Eltern oder in dem schönen Hotel, in dem wir uns zur Erholung ein paar Tage eingemietet hatten. Wir wollten uns entspannen, aber für mich war der Aufenthalt der reine Horror. Ich ging schwimmen und hatte Angst, im Wasser einen Herzinfarkt zu bekommen und zu ertrinken. Stephanie ging zur Massage, ich war mit dem Kleinen auf dem Zimmer und geriet in Panik: Was wäre, wenn ich tot umfiele und er sich selbst überlassen wäre? Irgendwann sprach ich doch mit Stephanie darüber, aber sie konnte mir auch nicht helfen.

Glücklicherweise hatten wir unter unseren Hamburger Stammgästen einen guten Kardiologen, den ich nach unserer Rückkehr gleich aufsuchte. Er untersuchte mich sehr gründlich, konnte aber nichts finden. Ich verstand das nicht: Ich hatte Herzrasen, fürchtete, jeden Moment umzukippen – und er konnte nichts feststellen? Damals war in den Medien viel die Rede von Menschen, die einen Burnout erlitten – vielleicht war es das? Ich konnte mir das zwar nicht vorstellen, denn meine Arbeit machte mir ja nach wie vor Spaß, ich war kreativ, entwickelte neue Gerichte. Trotzdem vereinbarte ich einen Termin bei einem Psychotherapeuten. Es war ein komisches Gefühl, als ich das erste Mal mit ihm sprach, denn ich hätte nie gedacht, dass ich so etwas brauchen würde. Aber ich merkte, dass mir die Gespräche mit ihm guttaten. Ich konnte mich öffnen und über Dinge reden, die ich viel zu lange mit mir selbst ausgemacht hatte – die enorme Arbeitsbelastung im Restaurant, die Probleme in der Beziehung, der zunehmende Druck durch mein Engagement bei den verschiedensten Buch- und Fernsehproduktionen.

Gebratene Steinpilze mit Datteln und grünen Mandeln

Dieses Gericht servierten wir einmal als Tagesempfehlung im Le Canard Nouveau, dazu gab es gebratene Garnelen. An jenem Tag begleitete mich ein Team von Spiegel-TV. Nach der Ausstrahlung wollten viele Gäste im Restaurant unbedingt diese Zubereitung essen, manche reservierten eigens deswegen, sogar noch nach einem Jahr. Das Problem war: Irgendwann ging die Steinpilzsaison zu Ende. Also ersetzten wir sie durch Kräuterseitlinge, auch das schmeckt gut. Die unreifen grünen Mandeln (türkisch: Cagla), die mit ihrem cremig-milchigen Aroma perfekt zu den Pilzen harmonieren, sind nur im Frühjahr erhältlich. Zu anderer Jahreszeit können sie durch geröstete Mandelstifte ersetzt werden.

500 g Steinpilze (oder Kräuterseitlinge)
2 Knoblauchzehen
6 Schalotten
3–4 Stängel glatte Petersilie
6 getrocknete Datteln, entsteint
1 kleine Handvoll grüne Mandeln (oder geröstete Mandelstifte)
100 g türkischer Joghurt (10 % Fett, ersatzweise Sahnejoghurt)
6 EL Olivenöl
Salz, Pfeffer
$^1/_2$ TL abgeriebene Bio-Zitronenschale
20 g kalte Butter

Die Pilze mit einem Geschirrtuch abreiben und in mundgerechte Stücke schneiden. Knoblauch und Schalotten schälen und fein hacken. Petersilie waschen und trocken schütteln, die Blätten abzupfen und fein schneiden.

Die Datteln längs vierteln, die grünen Mandeln in Scheiben schneiden. Den Joghurt mit 1 EL Öl sowie je 1 Prise Salz und Pfeffer verrühren und in ein Schälchen füllen.

Das restliche Öl (5 EL) in einer großen Pfanne erhitzen und die Pilze darin anbraten. Knoblauch und Schalotten dazugeben und alles unter gelegentlichem Wenden in 5–6 Minuten bei mittlerer Hitze goldgelb braten. Mit Salz, Pfeffer und Zitronenschale würzen, dann die Petersilie hinzufügen. Die Butter in Flöckchen dazugeben und alles durchschwenken.

Die Pilze auf Tellern anrichten und mit Datteln und Mandeln garnieren. Den Joghurt separat dazu servieren.

Tatsächlich nahm mein zunehmendes Engagement beim Fernsehen sehr viel Zeit in Anspruch. Die «Küchenschlacht» hatte ich ein paarmal geschaut und dort namhafte Köche wie Alfons Schuhbeck, Johann Lafer oder Steffen Henssler gesehen. Da würde ich auch gerne mal mitmachen, dachte ich mir. Und mein Wunsch wurde erhört: Eines Tages klingelte das Küchentelefon im Le Canard Nouveau, und jemand von der Produktionsfirma der Küchenschlacht war dran: Sie suchten ein neues Gesicht, ob ich mir das vorstellen könne? Klar, sagte ich, und wir vereinbarten Probeaufnahmen. Als ich den Hörer auflegte, machte ich einen Luftsprung vor Freude. Das war ein Riesending, weil der Bekanntheitsgrad eines Kochs von solch einer Sendung schon sehr profitierte. Die Chemie mit dem Fernsehteam stimmte von Anfang an; wir arbeiten bis heute zusammen. Damals musste ich zunächst eine Probesendung drehen; ich war so nervös! Ich sollte ein Lammgericht zubereiten, und meine Hand mit dem Messer zitterte so sehr, dass ich befürchtete, nie mehr eingeladen zu werden. Aber das Lamm geriet mir sehr gut, es war rosa gebraten, mit einer schönen Kräuterkruste obendrauf. Ich lernte auch, vor der Kamera zu reden. Bei der Probesendung hatte ich einen Knopf im Ohr, über den der Regisseur mit mir kommunizierte. Als er fragte: «Wie könnte man diese Kruste noch anders machen?», war mein Job, diese Frage aufzufangen. Ich war vor Aufregung im Kopf regelrecht blockiert, aber zum Glück fiel mir ein, dass man die Kruste auch mit Senf oder Parmesan oder Ziegenkäse aromatisieren könnte. Nach der Sendung kam der Aufnahmeleiter zu mir: «Das hast du super gemacht, aber ein bisschen nervös warst du schon, oder?» Er war überzeugt, dass sich meine Zittrigkeit mit der Routine legen würde, und genauso kam es. Auch mit dem Zeitdruck lernte ich umzugehen; man hat bei den Aufnahmen für jedes Gericht eine genaue Zeitvorgabe.

Eine Sendung, die mich ebenfalls sehr reizte, war «Lanz kocht», ein Format, das auch bei unseren Gästen gut ankam, viele sprachen mich darauf an – warum ich da nicht auch mal mitmachen würde? Bei Markus Lanz traten damals viele bekannte Köche auf. Mir gefiel die Art, wie er moderierte und die Köche durch die Sendung führte; ich fand ihn menschlich ausgesprochen sympathisch, er traf bei jedem Gast den richtigen Ton. Sie wollten mich zunächst bei einer Sendung zur Probe auftreten lassen, mit einem Gericht meiner Wahl – und ich schlug etwas aus meiner Heimat vor. Es war Frühling, es war Spargelsaison, und auf dem Markt gab es frische Morcheln, auch Spitzmorcheln aus der Türkei, die wir schon bei Karl Ederer im Gasthaus Glockenbach verarbeitet hatten. Ich kochte also ein vegetarisches Gericht aus Spargel, jungen Erbsen und Spitzmorcheln mit einer Sherryrahmsauce. Ich war ziemlich nervös und wusste, ich musste jetzt ordentlich Gas geben, damit sie mich wieder einladen. Aber in der Sendung klappte alles prima. Ich schälte meinen Spargel, kochte ein feines Sößchen, erzählte ein bisschen über meinen Werdegang, und alles lief bestens. Nach der Sendung probierten alle mein Gericht und waren begeistert. Auch Alfons Schuhbeck war damals, in meiner ersten Sendung, mit von der Partie; er war sehr angetan, und Markus Lanz legte viel Wert auf seine Meinung. Ich bekam viele Komplimente und gleich das Angebot, öfter dabei zu sein.

Mit der Zeit lernte ich auch, ganz anders mit der Kamera umzugehen. Der Trick ist, nicht darauf zu achten. Man redet mit dem Moderator oder mit den Kollegen, ignoriert aber den Kameramann. Erst dann wirkt man authentisch. Das gelingt aber erst mit etwas Erfahrung.

Es kamen dann immer mehr Anfragen vom Fernsehen, Auftritte beim NDR oder bei Stefan Raabs «TV total», Reportagen für ZDF oder ARD, Beiträge bei Spiegel TV und vieles mehr. Auch bei Steffen Hensslers «Topfgeldjäger» trat ich eine Zeitlang als Juror auf, und als er bei Vox die Sendung «Kocharena», die später in «Grill' den Henssler» umbenannt wurde, übernahm, folgte ich ihm. Mir machte die Fernseharbeit immer Spaß, man traf ja immer wieder die gleichen Kollegen, Alfons Schuhbeck, Johann Lafer, Steffen Henssler, Tim Mälzer, Cornelia Poletto, Alexander Herrmann, und ich komme mit allen gut klar.

Von Beginn an hatte ich mir vorgenommen, nur solange Fernsehen zu machen, wie das Restaurant nicht darunter leidet – aber da ich das Glück hatte, dass die Fernsehstudios ganz in der Nähe des Le Canard Nouveau lagen, konnte ich irgendwie alles unter einen Hut bringen.

Doch ich mutete mir in jenen Jahren ein enormes Arbeitspensum zu. Zwischendurch wurde ich noch an der Nase operiert, weil ich Schwierigkeiten mit der Atmung hatte. Und als ob das nicht genügt hätte, kippte ich im Krankenhaus um und fiel direkt auf die frisch operierte Nase – und die Ärzte mussten gleich noch mal ran. Wenn ich heute zurückschaue: Das war die schlimmste Zeit meines Lebens.

Zwei Jahre, in denen es mir körperlich und seelisch schlecht ging; für mein Privatleben eigentlich eine verlorene Zeit. Ich konnte mich nicht einmal an meinem kleinen Sohn erfreuen, denn ich stand permanent unter Druck. Das Herzrasen überfiel mich immer wieder; das ging dann ein paar Stunden, dann war es wieder weg – wie ein böser Fluch, der mir große Angst machte. Das wurde auch zu einer Behinderung für meine Arbeit im Restaurant und bei Dreharbeiten. Wenn man die ganze Zeit Herzrasen hat, ist man vor der Kamera nicht gerade in Hochform. Zum Glück fiel es nicht auf.

Ich konnte auch nicht mehr schlafen. Mein Psychotherapeut verschrieb mir Schlaftabletten, aber ich kam trotzdem nicht zur Ruhe. Wie soll man auch mit rasendem Herzen schlafen? Ich war wirklich verzweifelt; während eines besonders schlimmen Anfalls, als ich gerade auf dem Weg zu meinen Eltern in München war, rief ich voller Panik meinen Kardiologen an. Er riet mir, Paracetamol zu nehmen und gleich nach meiner Rückkehr zu ihm zu kommen; er würde eine Herzkatheteruntersuchung vornehmen, um die Sache endlich in den Griff zu bekommen. Nach der gründlichen Untersuchung gab er Entwarnung, das beruhigte mich etwas.

Auch ein anderes Thema machte mir mehr und mehr zu schaffen: Wir wünschten uns ein zweites Kind, schon seit einiger Zeit. Für uns war immer klar gewesen, dass Marlon nicht alleine bleiben sollte. Aber es wollte einfach nicht klappen. Eine Sorge mehr, eine gemeinsame Sorge …

Ich schlief damals öfter im Gästezimmer, um den Kleinen nicht aufzuwecken, wenn ich spät nach Hause kam. Eines Nachts bekam ich so starkes Herzrasen, dass ich wirklich dachte, jetzt sei alles vorbei. Ich lag im Bett, mit geschlossenen Augen und ausgestreckten Armen, und hatte nicht einmal mehr die Kraft, nach Stephanie zu rufen. Ich lag einfach nur da und wartete auf mein Ende. Mein Herz schlug immer frenetischer, dann machte es plötzlich ein Geräusch – es knackte, als hätte man einen Wirbel eingerenkt. Ich öffnete die Augen, war erstaunt, dass ich noch am Leben war und konnte mein Glück kaum fassen. Aber mir war klar, dass ich so nicht weitermachen konnte. Gleich am nächsten Morgen setzte ich alle Medikamente ab und fing an, Sport zu treiben. Gegenüber vom Le Canard war ein Fitnessstudio; dort engagierte ich einen Personal Trainer, der mir ein Trainingsprogramm entwarf. Ich trainierte von nun an zwei-, dreimal die Woche, und es ging mir nach und nach besser.

Aber wenn ich zurückdenke, tut es mir sehr, sehr leid, dass ich während Marlons erster Lebensjahre so gestresst war, dass ich so viele schöne Momente mit ihm verpasste.

Wenn man als Koch erst einmal damit begonnen hat, Fernsehen zu machen und auf Events aufzutreten, entsteht ein gewisser Sog – das Gefühl, überall mit von der Partie sein zu müssen. Das ist gefährlich. Immer mehr, noch schneller, noch höher, noch weiter – das kann zu einer regelrechten Sucht werden. Eine Zeitlang war ich in dieser Hinsicht wohl auch gefährdet, aber dann wusch mir glücklicherweise ein Kollege, der auch ein sehr guter Freund ist, den Kopf: «Ali, mach' doch mal ein bisschen langsam», sagte er. «Findest du nicht, dass alles ein bisschen zu schnell geht in deinem Leben?» Ich verstand ihn zunächst nicht. Er erklärte mir, ich solle doch mal mein bisheriges Leben Revue passieren lassen: «Du bist jetzt Anfang 30. Du warst mit 20 Jahren im Tantris. Du hast dich mit 27 Jahren selbständig gemacht, hast eines der bekanntesten Restaurants in Hamburg übernommen. Du hast einen Stern erkocht, hast erfolgreiche Kochbücher veröffentlicht, hast Preise und Auszeichnungen gewonnen, bist dauernd im Fernsehen. Hast du nicht Angst, dein Pulver zu rasch zu verschießen?»

Ich zuckte zunächst nur die Achseln, wollte es nicht wahrhaben. Aber ich wusste, dass er es gut mit mir meinte; als ich dann allein war, gaben mir seine Worte sehr zu denken. Er hatte recht: Ich war in einem Hamsterrad gefangen. Es ging immer weiter, ständig kamen neue Angebote, und ich tat mich sehr schwer, etwas abzulehnen. Wenn man erfolgreich ist und in der Öffentlichkeit steht, hat man viele Bekannte und scheinbare Freunde. Aber vieles ist sehr oberflächlich; die meisten wollen etwas von dir, die wenigsten geben dir etwas zurück. Du bist in einer Rolle gefangen. Echte Freunde werden immer seltener, Menschen, die einem auch einmal eine unbequeme Wahrheit ins Gesicht sagen.

In Hamburg fühlte ich mich oft einsam, obwohl ich so viele Menschen kannte. In der Zeit, als es mir nicht gut ging, wäre ich froh gewesen, in der Nähe meiner Familie und meiner alten Freunde zu sein – und einfach mal meine Mutter umarmen zu können. In jener Zeit dachte ich viel an meine Eltern und den Weg, den sie gegangen waren. Ich dachte an meinen Vater; wie er für uns Kinder geschuftet hatte und manchmal morgens vor Rückenschmerzen kaum aus dem Bett kam. Ich dachte an meine Mutter; wie sie morgens um 3 Uhr 30 aufstand, um mit der ersten S-Bahn um 4 Uhr zum Münchner Flughafen zu fahren, wo sie als Reinigungskraft beschäftigt war. Zehn Stunden später war sie wieder zu Hause und kochte für uns, damit wir etwas Warmes essen können, wenn wir von der Arbeit kamen. All das erlebt zu haben, bedeutete auch sehr viel Druck. Ich wollte meine Eltern auf keinen Fall enttäuschen. Meine Mutter hatte mir, als ich mich in Hamburg selbständig machte, all ihre Ersparnisse gegeben, um mich zu unterstützen – weil sie an mich glaubt. Schon alleine deshalb musste ich es schaffen. Ich durfte nicht scheitern, meinen Eltern zuliebe. Solche Gedanken gingen mir durch den Kopf, wenn ich nachts wach lag. Im Le Canard Nouveau musste ich in jener Zeit vor den Gästen den immer gut gelaunten Ali geben, obwohl mir gar nicht danach war. Manchmal wurde mir regelrecht schwindlig; aber zu scheitern war einfach keine Option.

Im Restaurant profitierten wir von meiner Fernsehpräsenz, und ich wurde immer öfter von Gästen oder auf der Straße angesprochen. Einmal wartete ich am Hamburger Flughafen auf mein Boarding nach München und bemerkte, dass mich andere Fluggäste anschauten. Mir war nicht klar, warum, und ich ging sogar zur Toilette, um nachzusehen, ob ich irgendetwas im Gesicht hatte. Bis ich verstand: Die schauen dich an, weil sie dich erkannt haben.

Immer öfter wollten Menschen auch ein Foto machen; wenn ich Zeit hatte, plauderte ich ein wenig mit ihnen. Ich habe damit kein Problem; Stephanie sah das von jeher etwas anders; sie legt auf diese Art von Bekanntheit keinen Wert. Ganz anders meine Eltern: Sie sind stolz auf meine Bekanntheit. Und meine Geschwister schicken mir immer eine SMS, wenn sie mich wieder irgendwo in einer Sendung gesehen haben; das finde ich schön. Es gibt auch sehr viele positive Zuschriften von Menschen, die sehr nett um Autogrammkarten bitten. Viel Post bekomme ich von Menschen mit Migrationshintergrund, die sich durch meinen Lebensweg ermutigt sehen. Gerade für die junge Generation erfülle ich eine Vorbildfunktion, weil meine Geschichte zeigt, dass man es in unserer Gesellschaft auch schaffen kann, wenn die Startbedingungen nicht ideal sind. Dass ich so, auf meine Art, einen Beitrag zur Integration leisten kann, erfüllt mich mit Stolz und Freude.

Aber natürlich gibt es auch die negativen Reaktionen, von bösen E-Mails bis hin zu Beleidigungen auf Facebook, wo ich als «Eseltreiber» und «Hurensohn» beschimpft wurde. Einmal schrieb mir ein Zuschauer nach einer Sendung: «Du bist ein Loser, so was wie dich brauchen wir hier nicht, geh' doch zurück in die Türkei zu deinem Erdogan, da bist du besser aufgehoben.» Das verletzte mich wirklich. Ich wollte herausfinden, warum er so aggressiv war und begann einen Dialog mit ihm. Am Ende stellte sich heraus, dass er mit einem Freund gewettet hatte, ob es ihm gelänge, mich zu provozieren. Das ist eben Facebook. Soziale Medien haben unsere Branche sehr verändert, und leider sind da oft Neid und Missgunst im Spiel. Auch das Restauranterlebnis hat sich unter diesem Einfluss gewandelt. Viele Gäste fotografieren heute ihr Essen und posten die Bilder, bevor sie auch nur probiert haben – das ärgert mich als Küchenchef, weil das Essen dabei kalt wird. Viele Menschen legen als Erstes ihr Handy auf den Tisch, noch bevor sie Platz genommen haben. Zwischen den Gängen schauen sie auf ihr Display, checken E-Mails, um bloß nichts zu verpassen. Auch bei mir läuft sehr viel über das Handy, aber ich habe es mir zur Gewohnheit gemacht, das Gerät im Auto liegen zu lassen, wenn wir privat essen gehen. Diese zwei oder drei Stunden sollen nur mir und meiner Familie oder meinen Freunden gehören. Wir reden und lachen miteinander; das ist doch die Idee, wenn man miteinander essen geht. Heute fragen mich manchmal Gäste als Erstes nach unserem WLAN-Passwort – und dann die vielen Paare, die nicht mehr miteinander sprechen, sondern nur noch aufs Handy schauen. Ich finde das traurig. Soziale Medien gaukeln uns eine scheinbare Gemeinsamkeit vor – und isolieren uns vom wirklichen Leben.

Auch Geld und Erfolg können einsam machen, das beobachte ich bei vielen Gästen. Ich erlebte sehr wohlhabende Menschen, bei denen nur der schöne Schein stimmte und hinter der Fassade alles kaputt war, die Beziehungen gescheitert, die Familien zerstritten. Es ist eine Binsenwahrheit, aber es stimmt: Geld macht nicht glücklich. Bei vielen unserer Gäste aus den noblen Elbvororten hatte man das Gefühl, dass sie sich über ein tolles Essen, eine gute Flasche Wein gar nicht wirklich freuen konnten. Sie aßen ohne Leidenschaft; und andere hatten Monate auf solch einen Abend gespart und waren einfach nur glücklich.

Im Le Canard Nouveau sah man beinahe jeden Abend bekannte Gesichter. Einmal besuchte uns Fatih Akin, der bekannte Filmregisseur und Hamburger mit türkischen Wurzeln. In seiner Begleitung war Sezen Aksu, eine tolle Frau und Sängerin, in der Türkei so bekannt wie hier Helene Fischer. Er erzählte mir von dem Film, an dem er gerade arbeitete, eine Komödie, sie sollte «Soul Kitchen» heißen und die Geschichte eines von der Schließung bedrohten Restaurants erzählen. Ob ich ihn da nicht fachlich beraten könne? Er gab mir das Drehbuch: Der Schauspieler Birol Ünel sollte einen exzentrischen Spitzenkoch spielen, der schon mal einen Gast aus dem Lokal warf, weil er einen Gazpacho, der immer kalt gegessen wird, unbedingt heiß serviert bekommen wollte. Ich konnte Akin dabei helfen, das Leben im Restaurant möglichst realistisch darzustellen, und viele Szenen wurden bei uns im Le Canard Nouveau gedreht. Wir hatten großen Spaß, und «Soul Kitchen» wurde sehr erfolgreich. Es war der erste von etlichen Filmen, die bei uns gedreht wurden, darunter auch «Der Koch im Eisfach», eine Krimikomödie um einen Koch, der umgebracht und im eigenen Eisfach versteckt wird.

Auch viele Persönlichkeiten aus der Politik verkehrten im Le Canard Nouveau, vom damaligen Kanzlerkandidaten Peer Steinbrück über den CDU-Wirtschaftsanwalt Friedrich Merz und den FDP-Vizekanzler Philipp Rösler bis zu Hamburger Politikern wie Olaf Scholz und Ole von Beust. Man erwirbt sehr viel Menschenkenntnis, auch im Umgang mit solch großen Namen. Manche sind nur mit sich beschäftigt und schauen dir nicht einmal in die Augen, wenn du ihnen die Hand gibst. Andere, wie zum Beispiel Friedrich Merz, vergessen das Menschliche nicht. Er schüttelte mir zum Abschied freundlich die Hand, fragte, woher ich die vorzügliche Ente beziehe, gratulierte zu dem schönen Restaurant und wünschte mir viel Erfolg. Das hatte Stil. Solche Begegnungen entschädigten mich für vieles andere – denn natürlich erlebten wir nach wie vor und bei aller Bekanntheit auch unangenehme Situationen mit Gästen. Zum Beispiel jene Dame, die unsere Seezunge reklamierte. Wir hatten sie am selben Tag frisch eingekauft und auf die Karte gesetzt, im Ganzen gebraten. Die Dame ließ unsere Servicekraft wissen, der Fisch sei entweder alt oder tiefgefroren gewesen. Ich nahm einen rohen Fisch, ich nahm den Lieferschein vom selben Morgen und ging an den Tisch, um ihr die Frische vor Augen zu führen. Sie beharrte auf ihrer Meinung; aber den Fisch hatte sie trotzdem komplett aufgegessen.

Tatsächlich sind wir Gastronomen auf gute Gäste angewiesen – mehr, als es vielen bewusst ist. Manche Leute wollen besonders schlau sein und Geld sparen, indem sie zu Hause schon einen Aperitif trinken oder eine Kleinigkeit essen und dann bei uns nur ein Hauptgericht und ein Glas vom Hauswein bestellen. Das ist natürlich ihr gutes Recht, aber so ein Tisch ist am Abend für den Gastronomen ein Verlustgeschäft. Wir müssen auch kalkulieren. Wenn Gäste für vier Personen reservieren, dann aber nur zu zweit kommen, ohne vorher Bescheid zu

In meinem Restaurant Le Canard Nouveau in Hamburg mit dem damaligen österreichischen Bundeskanzler Alfred Gusenbauer (li.) und dem ehemaligen Kulturstaatsminister Michael Naumann

geben, dann machen wir an diesem Abend Verlust, weil zwei Stühle, mit denen wir kalkuliert haben, frei bleiben. Ganz zu schweigen von Tischen, die einfach wegbleiben, ohne abzusagen. Diese sogenannten No-Shows sind unter Gastronomen berüchtigt, weil sie uns richtig Geld kosten – das ist vielen Gästen wohl gar nicht klar. Wir tragen aber alle laufenden Kosten, Wareneinkauf, Personal, Strom, Miete, Müll; all das verschlingt Geld. Wenn ein Hauptgang in einem Restaurant 30 Euro kostet, denken manche, dass dieses Geld direkt in der Tasche des Gastronomen landet. In Wahrheit bleiben uns davon nur zwischen 10 und 13 Prozent, je nachdem, wie der Gastronom arbeitet. Und davon muss er auch noch Steuern abführen. Darüber denken die meisten Gäste nicht nach – müssen sie auch nicht, aber es wäre schon viel gewonnen, könnten sie uns Bescheid geben, wenn sie gar nicht oder mit weniger Personen kommen.

Glücklicherweise hatten wir alles in allem eine sehr gut durchmischte Klientel im Le Canard Nouveau. Da saß der Vorstandvorsitzende eines DAX-Unternehmens neben einem jungen Paar, das sich den Besuch zum Hochzeitstag leistete, da waren Gäste aus Blankenese neben jenen aus Hamburg-Altona platziert, die mich in der Küchenschlacht gesehen hatten und einmal live erleben wollten. Und jeder hatte die gleichen Chancen, einen Tisch zu bekommen. Einmal sagten wir sogar Christina Aguilera ab, weil wir ausgebucht waren. In dem Sinne blieben wir ein sehr demokratisches Restaurant. Am Ende macht es immer die Mischung; bei uns ging es für ein Sternerestaurant äußerst locker und entspannt zu. Es zählten einfach nur gutes Essen und gute Laune.

Gewürze und Lebensfreude des Orients – *Die Rückkehr zu meinen kulinarischen Wurzeln*

Am 10. Februar 2014 ging für Stephanie und mich ein großer Wunsch in Erfüllung: Luca, unser zweiter Sohn, wurde geboren, ein Hamburger Jung, genau wie sein Bruder. Und wie Marlon bekam auch er einen türkischen Zweitnamen mit auf den Weg: Cem. Es war eine völlig unkomplizierte Schwangerschaft und auch diesmal riet der Arzt zu einem Kaiserschnitt. Wir legten den Geburtstermin so, dass ich auf jeden Fall dabei sein konnte; auch dieses Mal wieder ein großes Erlebnis. Wir waren sehr glücklich über den neuen Familienzuwachs. Parallel dazu musste ich mich allerdings auch um ein Baby ganz anderer Art kümmern: Ich plante, ein zweites Restaurant in München zu eröffnen. Karl Ederer hatte Wort gehalten und mir Bescheid gesagt, als er beschloss, dass Ederer nicht mehr weiterzuführen. Er wusste ja, wie sehr ich an den Räumlichkeiten hing und dass es immer mein Traum war, dieses Restaurant eines Tages zu übernehmen. Irgendwann im Herbst 2013 hatte er mich angerufen und mir gesagt, er könne nicht mehr – und ob ich immer noch interessiert sei? Das ließ ich mir nicht zweimal sagen und vereinbarte sofort einen Termin bei der Hausverwaltung in München. Aus deren Büro konnte man ins Restaurant sehen; es war ein schöner Tag, die Sonne fiel durch die Fenster und ich spürte, wie sehr ich nach wie vor für dieses Restaurant brannte. Eine ganze Reihe sehr namhafter Münchner Gastronomen und Hoteliers war ebenfalls interessiert, das Lokal zu übernehmen, schließlich ist die Lage im Herzen der Innenstadt kaum zu toppen. Ich wusste, ich muss darum kämpfen. Obwohl ich nicht so finanzstark war wie einige meiner Mitbewerber, warf ich in jenem ersten Gespräch alles in die Waagschale, was ich konnte: Ich kannte das Lokal in- und auswendig, weil ich zwei Jahre dort gearbeitet hatte. Und seither hatte ich mir einen Namen gemacht und einen Stern erkocht. Ich machte auch keinen Hehl daraus, wie sehr ich emotional involviert war: Es war schlichtweg das Restaurant meiner Träume. Man sagte mir, ich solle ein Konzept vorlegen. Glücklicherweise hatte ich einen Fitnesstrainer, der früher Banker war. Er wusste im Gegensatz zu mir ganz genau, worauf es dabei ankam und half mir, es zu schreiben – denn das ist nicht meine Stärke. Ich kalkuliere noch heute im Restaurant alles ein bisschen nach Gefühl.

Ich wollte das Lokal unbedingt haben. Und manchmal hat man Glück. Ich brachte in Erfahrung, dass die Immobilie der Union Investment aus Hamburg gehörte; ein günstiger Zufall, denn für deren obere Liga hatte ich mal einen Kochkurs organisiert. Ich versuchte, den zuständigen Ansprechpartner zu erreichen, aber er hatte sich den Fuß gebrochen. Ich ließ Grüße ausrichten. Ich habe bis heute nicht erfahren, ob das eine Rolle spielte und was letztendlich den Ausschlag gab, aber tatsächlich verhandelten wir schon bald über die Pacht, und schließlich konnte ich den Mietvertrag unterschreiben – ein erhebender Moment! Ein heikler Punkt für mich war nun noch die Verhandlung der Ablöse mit Karl Ederer. Er hatte leider utopische Vorstellungen, die mir finanziell das Genick gebrochen hätten. Ich wollte aber nicht mit dem Mann, den ich nach wie vor als meinen Mentor betrachtete, über Geld feilschen. Das brachte ich einfach nicht übers Herz. Ich bat einen befreundeten Gastronomen, der eine Pizzeria in München betreibt, als Vermittler zu fungieren. Er traf sich zweimal mit Ederer, und sie konnten sich auf eine Summe einigen, die für uns beide passte. Ich war sehr erleichtert. Mein Mietvertrag lief offiziell ab Mai 2014, aber weil Luca im Februar zur Welt kam und es Karl Ederer ganz gut in den Kram passte, das Lokal noch den Sommer über weiterzuführen, einigte ich mich mit ihm darauf, dass ich erst ab September übernehmen würde. So blieben uns einige Wochen für den Umbau, und wir könnten im Oktober eröffnen, wenn Luca ein halbes Jahr alt und aus dem Gröbsten heraus war.

Neben meinen vielen Verpflichtungen in Hamburg lief nun also noch der Prozess der Restauranteröffnung in München an. Ich wusste schon von der Eröffnung des Le Canard Nouveau, wie zeitaufwendig so etwas ist: die Gespräche mit der Bank, die Personalsuche, die Handwerker – eine Mammutaufgabe. Für mich war klar, dass ich das Restaurant umgestalten wollte, um ihm meine eigene Handschrift zu verpassen. Auf der Suche nach einem guten Innenarchitekten schaute ich mir mehrere Münchner Restaurants an und immer, wenn mir eines besonders gut gefiel, tauchte derselbe Name auf: Nora Witzigmann. Ein Nachname, bei dem jeder Gastronom in Deutschland hellhörig wird. Ich rief sie an, und es stellte sich heraus, dass sie die Ex-Schwiegertochter von Eckart Witzigmann ist. Die Chemie zwischen uns stimmte auf Anhieb. Ich wollte kein cooles, durchdesigntes Restaurant haben; es sollte einfach schön sein und Wärme ausstrahlen. Ich stellte mir eine Art Wohnzimmercharakter vor und natürlich wären ein paar orientalische Anklänge, die auf meine Herkunft anspielten, nicht schlecht. Denn schon sehr bald war für mich klar, dass mein neues Restaurant «Pageou» heißen würde, nach dem anatolischen Dorf meiner Kindheit. Ich wollte auf keinen Fall eine Münchner Kopie des Le Canard Nouveau schaffen, sondern etwas ganz Neues. In Hamburg kochten wir mediterran inspiriert; in München wollte ich zu meinen eigenen Wurzeln zurückkehren, auch kulinarisch. Natürlich sollte es kein türkisches Restaurant werden; wir würden eine zeitgemäße, weltoffene Küche anbieten, aber prägen sollten sie die Aromen meiner Kindheit.

In jenen Monaten sammelte ich noch mehr Flugmeilen als je zuvor, so oft musste ich zwischen Hamburg und München hin- und herfliegen, um alles zu organisieren. Immer wieder setzte ich mich mit Nora zusammen, parallel organisierte ich den Küchenausbau und stellte mein erstes Team zusammen. Das ergab sich alles erstaunlich schnell, mittlerweile hatte ich ja sehr viele Beziehungen. Einen Koch übernahm ich von Karl Ederer, die anderen fanden sich durch Mundpropaganda. Von vornherein war für mich klar, dass ich nicht nur in München, sondern auch in Hamburg einen Küchenchef brauchen würde, jemanden, der tagtäglich vor Ort war – ich selbst würde zwischen den beiden Restaurants pendeln. In Hamburg war die Frage rasch gelöst. Dort würde mein langjähriger Souschef Florian Pöschl, der mir damals aus dem Lenbach gefolgt war, übernehmen. Er kannte meinen Küchenstil in- und auswendig, ein fließender Übergang, wie man ihn sich nicht besser wünschen konnte. Auch in München bot sich eine sehr gute Lösung. Elisabeth Anetseder war seit Jahren als Souschefin von Martin Fauster im Restaurant Königshof; wir kannten uns von gemeinsamen Veranstaltungen. Ich wusste, dass sie ehrgeizig und auf der Suche war, weil sie sich weiterentwickeln wollte. Ich bot ihr an, Küchenchefin im Pageou zu werden. Als Restaurantleiter engagierte ich Rakshan Zhouleh; als ehemaliger Maître im Tantris war auch er ein bekannter Name in der Münchner Gastroszene – und ein guter Sommelier. Während ich am neuen Standort alles plante und organisierte, stand ich in Hamburg vor einer ganz anderen Herausforderung. Mittlerweile hatte die dortige Presse von meinen Münchner Plänen Wind bekommen, und ich war damit beschäftigt, meine Stammgäste zu beruhigen und ihnen klarzumachen, dass ich keineswegs vorhatte, meine Zelte an der Elbchaussee abzubrechen. Ich führte viele Interviews und versicherte immer wieder, wie sehr ich die Stadt liebte und wie wohl ich mich hier immer noch fühlte – schließlich waren meine beiden Söhne hier geboren. Auch im Le Canard Nouveau verwandte ich sehr viel Kraft darauf, den Gästen das Gefühl zu vermitteln, dass sich für sie nichts ändern würde.

Ab 1. September wurde es dann ernst. Es war ein Montagmorgen, und pünktlich um acht Uhr standen die Handwerker im Lokal und begannen, den Boden herauszureißen und eine Wand abzuschlagen. Ich war extra aus Hamburg eingeflogen, um an diesem wichtigen ersten Tag vor Ort zu sein. Es lag schon viel Schutt auf dem Boden herum, als plötzlich Karl Ederer in der Tür stand. Er hatte am Wochenende im Restaurant noch eine große Abschiedsparty gefeiert und kam nun vorbei, um seine letzten Bilder abzuholen. Ich hätte ihm den Anblick gerne erspart, denn selbst mich nahm es emotional mit, wie das Restaurant, in dem ich so viel erlebt hatte, jetzt radikal verändert wurde. Für ihn ging in diesem Moment ein Kapitel zu Ende, für mich begann ein neues. Auch die nächsten Wochen waren für mich nicht einfach, weil ich die meiste Zeit in Hamburg arbeitete und mich darauf verlassen musste, dass auf der Baustelle schon alles gut laufen würde. Natürlich wäre ich lieber vor Ort gewesen und hätte die Kontrolle gehabt. Immerhin: Ich hatte einen guten Bauleiter, der mir immer wieder Fotos schickte. Und parallel flatterten auch die Rechnungen ins Haus; mein Kontostand schrumpfte. Ursprünglich hatten wir geplant, am 1. Oktober zu eröffnen, aber bald wurde klar, dass der Umbau nicht in vier Wochen zu machen war. Wir mussten noch zehn Tage dranhängen.

Und es galt, viele Entscheidungen zu treffen. Mit meinem Restaurantleiter führte ich harte Diskussionen um das Weinbudget. Ich war der Meinung, dass jeweils 80 gut ausgewählte Weiß- und Rotweine auf der Karte ausreichen würden. Er hatte andere Vorstellungen, denn ein namhafter Sommelier möchte sich natürlich in so einer Weinkarte auch selbst verwirklichen. «Wir brauchen auch echte Granaten», sagte er. Ich war anderer Meinung, weil ich wusste, dass sündteure Weine heute ohnehin kaum noch bestellt werden. Um des lieben Friedens willen gab ich ihm das Budget frei – später sollte sich zeigen, dass ich recht gehabt hatte. Auch die Küchenplanung war eine Herausforderung. Ich hatte beschlossen, den alten Herdblock von Ederer zu übernehmen; wir waren damit ja zu meiner Zeit immer gut klargekommen. Im laufenden Betrieb zeigte sich dann bald, dass dies ein Trugschluss gewesen war. Die Zeiten ändern sich, heute muss alles schneller gehen, die Gäste bringen, vor allem mittags, weniger Zeit mit. Also rissen wir irgendwann doch die alten Elektroplatten heraus und ließen Induktionsherde einbauen. So ist das eben bei einer Neueröffnung – man zahlt immer Lehrgeld.

Am Montag vor der Eröffnung organisierten wir eine Art Generalprobe: Ich lud Familie, Freunde und auch ein paar Journalisten ein, insgesamt rund 40 Personen. Jeder durfte à la carte bestellen, wonach ihm war, und so hatten wir einen guten Test unter Realbedingungen. Alles lief gut – und mittendrin schalteten sich plötzlich alle Herde aus. Die Sicherung war rausgeflogen. Da war ich schon froh, dass wir diese Schwachstelle entdeckten, bevor zahlende Gäste kamen! Am Dienstag ging es dann richtig los, und ich muss gestehen: Mir war ziemlich mulmig zumute. Klar, ich hatte einen guten Namen, ich war in den Medien, ich hatte einen Stern erkocht – aber trotzdem gibt es keine Garantie, dass ein neues Restaurant auch funktioniert. Ich ging mit sehr viel Demut an diese Eröffnung heran, für mich war nichts selbstverständlich. Meinem Team hatte ich gesagt: «Der Anfang muss uns gelingen, denn wenn wir den Start vermasseln, schaffen wir es nicht, ins Ziel zu kommen.» Wir hatten das Glück, dass wir mit dem Pageou schon vor der Eröffnung Stadtgespräch waren. Viele waren neugierig, und so waren wir von Anfang an gut besucht. Trotzdem muss die Leistung stimmen, damit die Leute nach dem ersten Besuch auch wiederkommen. Ich wurde damals oft gefragt, was mein Ziel im Pageou sei. Ob ich auch hier einen Stern erkochen wolle? Meine Antwort lautete immer: «Ich habe schon einen Stern. Hier möchte ich einfach nur ein gutes Restaurant führen, in dem es den Gästen schmeckt.»

Das Pageou war wirklich schön geworden: Der große Raum mit der hohen Decke und den schönen alten Fenstern, durch die mittags die Sonne auf die Tische fiel, wirkte jetzt ganz anders als früher im Ederer. Nora Witzigmann hatte einen guten Job gemacht. Weiße Tischdecken, edler Holzboden, bequeme Lederstühle – und die dunkelroten Lampen, die in den Fenstern standen, verbreiteten dezent orientalisches Flair. Über der Theke hing ein großformatiges Foto meines Großvaters, auf dem er in Pageou vor seinem Lehmhaus steht. Damit war ich nicht nur meiner Kindheit, sondern auch meiner kulinarischen DNA ganz nahe. Orientalische Untertöne spielten hier von Anfang an eine größere Rolle als im Le Canard Nouveau. «Ali, warum schmeckt die Aubergine bei dir so anders?», fragten die Gäste. Und ich antwortete: «Weil ich sie mit Orangenschale, Kardamom und etwas Dill abgeschmeckt habe.» Erstaunen weckte auch mein auf der Haut gebratener Zander, der mit süßsaurem Linsengemüse serviert wird. Der Clou des Gerichts sind gehackte wilde Haselnüsse, die ich bei einem Istanbulbesuch auf dem Markt entdeckte und mit denen ich dem klassisch mitteleuropäischen Gericht einen neuen, verführerischen Dreh gab. Auch unser Rote-Bete-Risotto mit Schafskäse hat den «Ali-Touch»: fein dosierte Messerspitzen von Kreuzkümmel, Sesam, Minze und Koriander sorgen dafür, dass es anders schmeckt als die Risotti, die meine Gäste kennen. Ich weiß einfach von Kindheit an ganz genau, wie ich mit diesen Gewürzen umgehen muss, das ist mein großer Vorteil. Ich habe es sozusagen im Blut.

Für mich begann nun die Zeit des ewigen Pendelns zwischen Nord und Süd. In München hatten wir montags geöffnet, in Hamburg war zu. Deshalb war ich meist Montag bis Mittwoch in München, Donnerstag und Freitag in Hamburg und am Samstag mal hier und mal da. Natürlich schaute ich auch immer, wann Schulferien und Feiertage in der einen oder anderen Stadt waren. Meine Flüge buchte ich möglichst lange im Voraus, um Geld zu sparen. Logistisch hatte ich das voll im Griff: Von München aus nahm ich den Flieger um 8 Uhr 20 Uhr, also ging ich um 7 Uhr aus dem Haus, da war noch nicht viel Verkehr auf der Autobahn zum Flughafen. Gegen halb zehn landete ich in Hamburg, dann war dort die morgendliche Rushhour schon vorbei. So brauchte ich von Haus zu Haus etwa drei Stunden und zwanzig Minuten, das fand ich okay. Ich hatte immer nur Handgepäck dabei; spätestens um halb elf war ich dann im Le Canard Nouveau, konnte dort mit den Jungs alles vorbereiten, die Speisekarte schreiben, ein paar Büroarbeiten erledigen, bevor das Mittagsgeschäft losging.

Stephanie und die Kinder lebten ab dem Zeitpunkt, als ich das Pageou eröffnete, wieder fest in München. Sie hatte schon seit längerem den Wunsch geäußert, zurück in ihre Heimatstadt zu ziehen, wo sie ein ganz anderes soziales Netz hatte als im Norden. Wir fanden eine schöne Wohnung, die Kinder waren im Kindergarten angemeldet, und ich mietete mir in Hamburg ein Ein-Zimmer-Apartment gegenüber vom Le Canard Nouveau. Es war alles bestens organisiert, aber natürlich war es trotzdem eine Strapaze. Durch meine Doppelbelastung mit den beiden Restaurants blieb auch weiterhin zu wenig Zeit für die Familie. Sonntags, wenn ich endlich frei hatte, war ich oft so fix und fertig, dass ich vor dem Fernseher einschlief. Ich wusste, das war für meine Lebensgefährtin nicht einfach, aber auf der anderen Seite arbeitete ich ja so viel, um meiner Familie ein gutes Leben zu ermöglichen. Ich hatte all meine Ersparnisse in das neue Projekt investiert – nun musste ich alles tun, damit es lief. Die Münchner Gäste machten es mir jedenfalls leicht und rannten mir von Anfang an die Tür ein – das Pageou lief richtig gut. Auch die Presse hatte unseren Start sehr wohlwollend begleitet. Der Restaurantführer Gault & Millau zeichnete uns – ebenso wie das Le Canard Nouveau – mit 16 Punkten aus. Und setzte in seiner Ausgabe 2016 noch eins drauf: Die Testequipe kürte mich zum «Restaurateur des Jahres».

Hinter alldem steckte ein enormes Engagement. Nicht, dass es mir je etwas ausgemacht hätte, viel zu arbeiten. Das habe ich von meinem Vater gelernt. Schon damals, als er in Tunceli unser Haus baute, lief ich jeden Morgen um sechs Uhr zu Fuß in die Stadt, um für die Arbeiter das Frühstück einzukaufen. Das war für mich normal, so konnte ich schon damals etwas beitragen. Dieses Arbeitsethos ist mir in Fleisch und Blut übergegangen. Meine Arbeit bedeutet für mich auch Freiheit. Als selbständiger Gastronom bin ich unabhängig und habe mein Schicksal selbst in der Hand, mit allen Vor- und Nachteilen. Zu den Schwierigkeiten unserer Branche zählt, dass man auch von seinem Team abhängig ist. Das wurde mir in jener Zeit immer mehr bewusst: Am meisten Zeit, Kraft, Energie und letztlich auch Geld kostete mich mein Personal. Kaum war ich morgens in Hamburg angekommen, hieß es: «Chef, haben Sie mal fünf Minuten für mich?» Dann wusste ich immer schon, jetzt kommt etwas Unangenehmes, schlimmstenfalls die Bitte nach mehr Gehalt oder gleich die Kündigung. In den ersten beiden Jahren des Pendelns steckte ich all das noch ganz gut weg, wahrscheinlich auch beflügelt durch den Neuanfang und Erfolg in München. In Hamburg hatte das Geschäft etwas nachgelassen, das ließ sich nicht leugnen. Es gab Gäste, die nahmen es übel, wenn sie mich nicht bei jedem ihrer Besuche antrafen. Trotzdem blieb am Jahresende immer noch genug übrig. Aber allmählich wurde mir bewusst, dass mich das Le Canard Nouveau nicht mehr erfüllte. Über zehn Jahre waren vergangen, seit ich es eröffnet hatte; ich brauchte eine Veränderung.

Ich spielte verschiedene Modelle durch und kam schließlich auf eine Idee, die mir zusagte: Wenn Meinhard von Gerkan mir seine Anteile verkaufen würde, dann könnte ich einige meiner langjährigen Angestellten beteiligen, sodass sie sich dem Betrieb ganz anders verbunden fühlen würden. Außerdem hätte ich das Lokal gerne umgebaut und modernisiert. Es war dort seit über zehn Jahren nichts mehr investiert worden, von Gerkan hatte immer alle Änderungswünsche meinerseits abgeblockt. Wir sprachen mehrmals über diese Themen, kamen aber nicht wirklich weiter. Er willigte schließlich ein, Anteile abzugeben und war auch mit einem Umbau einverstanden. Allerdings musste das alles seinen gestalterischen Vorstellungen entsprechen, und als sich herausstellte, dass er nicht bereit war, sich als Eigentümer finanziell zu beteiligen, sondern dass unsere Gesellschaft die Gesamtkosten tragen sollte, reichte es mir. «Ich mache Ihnen jetzt einen anderen Vorschlag», sagte ich. «Sie übernehmen meine Anteile und ich höre auf.» Er glaubte mir nicht: «Das kannst du doch nicht machen!» Aber es war mein heiliger Ernst. Und es war keine spontane Entscheidung. Ich hatte mir das alles gut überlegt.

Manchmal, wenn ich nachts nach Hause komme und noch nicht schlafen kann, setze ich mich auf die Couch und schaue auf eine weiße Wand. Ich finde es unglaublich entspannend, einfach nur ins Leere zu schauen. Dort hatte ich in jener Zeit oft gesessen und mir Gedanken gemacht, mich gefragt, wo ich mich in zehn Jahren sehe. Ich war Ende 30, bald stand mein 40. Geburtstag an. In zehn Jahren würde ich 50 sein. Ob ich dann immer noch so hin- und herfliegen könnte? Ich wusste seit der Erfahrung mit dem Burnout, dass ich meinen Körper nicht ständig überstrapazieren konnte. Ich dachte an meine Kinder. Was bekam ich von meinen Kindern mit? Sie wuchsen an mir vorbei. Konnte ich meinen Erfolg überhaupt genießen? Und ich sagte mir: Man soll aufhören, wenn es am schönsten ist. In Hamburg hatte ich alles erreicht. Ich hatte mir einen Namen und einen Stern erkocht, hatte das Who's who der Stadt zu Gast. Aber jetzt hatte es für mich seinen Reiz verloren, das Pendeln wurde zu anstrengend, ich verstand mich nicht mehr mit meinem Geschäftspartner. Der Moment war gekommen, einen Schlussstrich zu ziehen. Am 31. Dezember 2016 war mein letzter Abend im Le Canard Nouveau. Ich war schon einen Tag früher gekommen, hatte meine Wohnung aufgelöst, im Restaurant meine Bücher und meine Messer eingepackt. Alles andere ließ ich zurück – ich hatte ja meine Anteile abgegeben. Abends kochte ich noch mal mit meiner Mannschaft. Es war alles abgesprochen, mein bewährter Küchenchef Florian Pöschl übernahm von nun an die Führung. Natürlich war ich wehmütig, gegen Mitternacht hatte ich doch Tränen in den Augen. Nach dem Service, als alle weg waren, setzte ich mich noch mal kurz hin, schaute ein letztes Mal auf die Elbe, genoss die Aussicht. Dann übergab ich meine Schlüssel dem Restaurantleiter und verabschiedete mich: «Alles Gute, ich bin weg.» Heute kann ich sagen: Ich habe diese Entscheidung kein einziges Mal bereut. Nur der Blick auf die Elbe fehlt mir manchmal.

Für das Pageou lagen die Vorteile auf der Hand. Die Gäste freuten sich, dass ich nun immer vor Ort war. Und da meine Küchenchefin Elisabeth Anetseder sich ohnehin verabschiedet hatte, um zurück in ihre Heimat im Bayerischen Wald zu gehen und dort das Gasthaus ihrer Familie zu führen, beschloss ich, die Leitung der Küche wieder selbst zu übernehmen. Seither koche ich im Pageou nur noch so, wie ich mir das vorstelle, auf das Produkt konzentriert und mit mutiger Aromatik. Im Grunde kehre ich immer stärker zu meinen Wurzeln zurück und serviere nicht nur, aber immer öfter Gerichte, die vom Geschmack meiner anatolischen Kindheit inspiriert sind. Zum Beispiel offene Tortelloni mit Entenragout, Jus von schwarzen Oliven, Auberginensauce und einer Joghurtcreme, die mit Bergamotte und anderen Kräutern gepowert ist. Oder Blumenkohl-Liebstöckel-Samosas mit Süßkartoffelcreme und Pfifferlingen – hier lädt der marinierte, mit Chili gewürzte Karfiol die frittierten Samosas mit Spannung auf. Und natürlich hat Lamm einen Stammplatz auf meiner Speisekarte: So umhüllt etwa die Würze von Kardamom, Koriander und Pistazien die gebratenen Koteletts und den geschmorten Bauch, untermalt von Süßkartoffelpüree, Scheinquitte und frischen Erbsenschoten. Die Kunst besteht darin, die orientalischen Anklänge stets so behutsam einzusetzen, dass sie zwar für Spannung sorgen, den mitteleuropäischen Gaumen aber nie überfordern. Manchmal setze ich nur am Rand Akzente wie beim Kichererbsentaboulé mit Pulpo, Rettich, Fetakäse und intensiv duftender Koriandersauce oder bei den Sashimi vom Saibling mit einer Creme von Avocado, grünen Mandeln und Oliven, die ich mit mariniertem Hibiskus aufpeppe.

Nicht nur gastronomisch, auch privat war es eine gute Entscheidung, nach München zurückzukehren. Ich sehe meine Eltern wieder viel häufiger, sie sind ja auch nicht mehr die Jüngsten. Die Familie fehlte mir schon enorm in Hamburg, auch meine Geschwister. Ich bin ein sehr sozialer Charakter, ich kann nicht gut alleine sein, ich brauche Menschen, die ich liebe, um mich herum. Fast jeden Sonntag gehe ich zu meinen Eltern zum Mittagessen, meistens sind auch meine Geschwister fast alle da. Das macht mich glücklich. Wir reden über Pageou, über die türkische Politik, über die Kinder, über ganz normale Dinge eben. Das erdet mich. Vergiss nicht, wo du herkommst – das ist mir sehr wichtig. Denn natürlich bin ich bis heute

Meine Eltern und wir sieben Geschwister

ein Wanderer zwischen den Welten. Manchmal merke ich, dass mir die ersten zehn Lebensjahre in Deutschland fehlen. Zum Beispiel wenn meine Kinder Lieder singen, die sie im Kindergarten oder in der Schule gelernt haben, und ich kann nicht mitsingen. Auf der anderen Seite ist manches an mir sehr deutsch; meine Köche sagen sogar, ich sei deutscher als die Deutschen: Ich bin überpünktlich, ich arbeite viel und ich bin gut organisiert. Das mit der Pünktlichkeit habe ich von meinem Vater, und auch in der Lehre wurde uns das antrainiert: Wir mussten 15 Minuten vor Arbeitsbeginn umgezogen in der Küche stehen. Typisch türkisch ist wahrscheinlich die Emotionalität, die Herzlichkeit und auch ein gewisses soziales Denken – ich versuche immer, anderen zu helfen, wo ich kann. Wenn mich ein Koch anruft, der einmal bei mir arbeitete und einen Job sucht, dann hänge ich mich für ihn ans Telefon und rufe drei, vier Kollegen an, bis ich einen Platz für ihn gefunden habe. Aus meiner alten Heimat habe ich auch eine große Flexibilität mitgebracht. In der Türkei sehen wir die Dinge nicht so schwarz und weiß, nicht so grundsätzlich wie in Deutschland, wir lassen uns mehr auf die jeweilige Situation ein und finden immer einen Weg, die Dinge zum Laufen zu bringen. Aber bei mir kommt es auch immer auf die Tagesform an. An manchen Tagen entscheide ich knallhart deutsch, an anderen eher türkisch, also mit dem Herzen, oder ich folge dem Bauchgefühl. Ein Beispiel aus dem Restaurant: Wir sind abends oft ausgebucht, und wenn dann Stammgäste anrufen oder Freunde, die noch einen Tisch haben wollen, weise ich sie nicht zurück, sondern sage, sie sollen vorbeikommen, irgendwas geht immer. Und zur Not trinken sie eben den Aperitif an der Bar. Mein Personal ist da anders: Wenn wir voll sind, sind wir voll. Und dann komme ich mit meiner türkischen Seele und sage: Schaut mal her, Jungs, da geht doch noch was.

Deutsch an mir ist auch mein Ehrgeiz. Ich bin sehr zielorientiert, will immer noch einen Schritt weitergehen, nach dem Motto «Gut ist nicht gut genug». Das ist einfach in mir drin: Immer höher, immer schneller, immer weiter. Ich weiß, dass ich mich auch oft selbst unter Druck setze; da würde mir etwas mehr türkische Gelassenheit nicht schaden. Mittlerweile habe ich immerhin gelernt, die Dinge etwas lockerer zu sehen. Wichtig finde ich auch, immer eine gewisse Demut in sich zu haben. Alles, was man sich aufgebaut hat, kann man auch schnell wieder verlieren. Nichts ist für die Ewigkeit. Und natürlich zahlt man für alles, was man erreicht, einen Preis. Bei mir ist dieser Preis, dass ich nicht genügend Zeit für meine Kinder habe. Ich kann nicht so viele Stunden mit ihnen verbringen, wie ich es gerne würde. Manchmal, wenn ich mitten in der Nacht mit dem Auto nach Hause fahre, durch die leere Stadt, dann höre ich türkische Musik, die oft sehr emotional ist, und dann werde ich melancholisch. Vor allem dann, wenn ich meine Kinder ein, zwei Tage nicht gesehen habe, weil ich unterwegs auf einem Dreh war oder zu viel gearbeitet habe. Und das gilt natürlich auch für die anderen Menschen, die mir nahestehen, meine Partnerin, meine Eltern, meine Geschwister. Und ich arbeite auch auf Kosten meiner Gesundheit. Ich schlafe durchschnittlich fünf Stunden pro Nacht, das ist nicht viel. Einmal die Woche versuche ich, acht Stunden zu schlafen, an meinen freien Tagen, und wenn die Kinder es erlauben.

Gastronomie ist ein sehr vereinnahmendes Geschäft. Heute mehr denn je, weil die Gäste sehr hohe Erwartungen haben. Ich bin das Gesicht des Restaurants, das war im Le Canard Nouveau so und ist heute im Pageou nicht anders. Wenn sie dreimal zum Essen kommen und mich nicht sehen, sind sie enttäuscht. Der Druck ist sehr hoch und deshalb ist das Thema Privatleben für uns Köche alles andere als einfach. Es gibt in der Branche überdurchschnittlich viele gescheiterte Beziehungen. Wenn ich ehrlich bin: Es gab für mich eigentlich nie Privatleben. Ich koche jetzt seit fast 30 Jahren, und bis heute ist das so. Für mich selbst ist das nicht schlimm, weil ich Arbeit nie als Belastung sah. Ich mache meinen Job gerne und, besonders seit ich selbständig bin, bringt er mir sehr viel Erfüllung. Es ist meine Leidenschaft, und ich wüsste auch ehrlich gesagt nicht, was ich sonst machen sollte. Einen geregelten Acht-Stunden-Tag, bei dem man um acht Uhr zur Arbeit geht und um fünf Uhr nach Hause kommt, kann ich mir gar nicht vorstellen. Vielleicht liegt es daran, dass ich aus einfachen Verhältnissen stamme. Ich war schon immer ein Arbeitstier. Aber es ist natürlich schwierig für die Partner, besonders wenn man eine Familie gründet.

Ich bin ein sehr emotionaler Mensch, und ich brauche Harmonie um mich herum. Ich möchte die Menschen, die ich liebe, nicht verletzen. Es stimmt, die Kinder werden schnell groß. Meine Söhne Marlon und Luca sind jetzt zehn und fünf Jahre alt. Natürlich würde ich gerne mehr Zeit mit ihnen verbringen. Aber auf der anderen Seite arbeite ich so hart, um ihnen einen gewissen Wohlstand zu ermöglichen, den ich nicht hatte. Wenn ich mir das Bett meines fünfjährigen Sohnes mit den vielen Kuscheltieren ansehe, dann denke ich manchmal an meine eigene Kindheit und erinnere mich daran, dass wir nie Spielsachen hatten. Ich arbeite dafür, dass es meinen Kindern einmal besser geht, ich möchte ihnen eine gute Ausbildung ermöglichen. Aber als selbständiger Gastronom bin ich Unternehmer, und die Konkurrenz schläft nicht. Bewusst oder unbewusst denke ich immer: Wenn du etwas erreichen willst, musst du den anderen immer einen Schritt voraus sein. Das darfst du nie vergessen.

Wenn ich ehrlich bin, dominiert das Restaurant mein Leben, bestimmt zu 80 Prozent. Aber die übrigen 20 Prozent sollten so sein, dass man diese freien Tage besonders genießt. In den letzten Jahren verlor ich einige Freunde, die viel zu jung starben. Das gab mir zu denken und machte mir Angst. Mein Ziel ist es, irgendwann vielleicht noch einen weiteren Tag frei zu machen. Aber auf der anderen Seite kann ich mich immer wieder an so vielem freuen, das mein Beruf mit sich bringt. So fliege ich alle zwei bis drei Monate nach Istanbul, um einzukaufen, vor allem Gewürze. Mittlerweile gibt es sogar eine ganze Reihe Gäste, die bei mir Gewürze kaufen wollen. Wer weiß, vielleicht bringe ich eines Tages noch eine eigene Gewürzlinie heraus. Aber es geht mir nicht nur um das Einkaufen dort, ich mag auch die Atmosphäre, es ist für mich die pure Inspiration. Natürlich gehe ich auch für mein Leben gerne am Bosporus essen. Es gibt ein schönes Restaurant im Obergeschoss des Gewürzbasars, es heißt «Pandeli», dort esse ich oft zu Mittag. Der Blick ist traumhaft, man sieht direkt auf den Bosporus und die Galatabrücke. Die Räume sind in unterschiedlichen Farben gekachelt, grün, türkis oder blau. Im alten Byzanz wurden die Räume als Folterkammer genutzt, deshalb sind die Fenster noch alle vergittert. So ist das in Istanbul – man atmet auf Schritt und Tritt die große Geschichte. Die Spezialität im Pandeli ist Wolfsbarsch, im Pergamentpapier gegart. Aber das steht nur auf der Karte, wenn der Fisch erstklassig ist. Ein anderes Lieblingsrestaurant ist das «Asitane», es liegt etwas außerhalb, direkt neben der Chora, einer ehemaligen byzantinischen Kirche, die heute ein Museum ist. Dort wird noch die traditionelle osmanische Palastküche serviert. Die Betreiber haben im Lauf der Jahre über 200 historische Rezepte zusammengetragen, darunter Köstlichkeiten wie Lammragout mit Quitten und Zimt. Oder Lammleber in Nelkensauce mit Dill und Walnüssen, ein Gedicht.

Der Gewürzbasar von Istanbul, auf türkisch Mısır Çarşısı, ist heute eine große Touristenattraktion. «1597–1664» steht auf einer Tafel am Eingangstor – das sind die Geburtsdaten des riesigen Gebäudekomplexes mit Dutzenden von Kuppeln, der als Teil des Stiftungsareals der Neuen Moschee (Yeni Camii) entstand. Hier werden längst nicht mehr nur Gewürze verkauft, sondern alles, was die Besucher aus der ganzen Welt interessieren könnte, von Textilien über Elektronikartikel bis zu Kaviar. Trotzdem wirkt das Ganze wie eine prall gefüllte Ali-Baba-Höhle, an den Marktständen stapeln sich Blöcke von türkischem Honig, in bunten Keramikschüsseln werden Nüsse und kandierte Früchte angeboten, von der Decke hängen Schnüre mit getrockneten Auberginen und Paprikaschoten. Doch auf diesen touristischen Trampelpfaden sieht man kaum Einheimische, sie kaufen eher in den Seitengassen ein, und zwar alles, was sie zum Leben brauchen, vom Kaffee über Gewürze bis zum Fisch. An diesen versteckten Orten wird es auch für mich richtig spannend. Es gibt dort zum Beispiel Metzgereien, die nur auf Innereien spezialisiert sind, das ist typisch türkisch.

Die Stimmung in diesem Teil des Marktes ist sehr orientalisch, es ist voll, es ist laut, es ist eng. Und überall wird gehandelt. Dazwischen liegen kleine Teehäuser und viele Buden, wo du essen kannst, Köfte, Döner oder Süßspeisen. Und überall duftet es nach Gewürzen. Eine unglaublich bunte, sinnliche, intensive Atmosphäre. Ich finde das großartig und lasse mich gerne ein bisschen treiben. Aber irgendwann steuere ich dann ganz gezielt meinen Gewürzhändler an. Sein Laden liegt versteckt in einer der Seitengassen, kein Tourist findet den Weg hierher. Aber tatsächlich ist er einer der Drahtzieher des Marktes, viele der Betreiber von Touristenständen kaufen bei ihm.

Auch ich brauchte eine Weile, bis ich ihn fand, nur nach viel gutem Zureden und einem ordentlichen Bakschisch verriet mir einer der Gewürzverkäufer im zentralen Markt diese Adresse. Sein Laden ist wie die Höhle des Ali Baba, dort lagern Hunderte von Gewürzen und Gewürzmischungen. Ein unglaublich intensiver Duft hängt in der Luft, deine Nase, dein Gaumen und dein Hirn sind völlig überfordert, es ist eine einzige Reizüberflutung. Bei ihm kaufe ich meine geheimen Schätze: Granatapfel- und Rosenkerne. Wilden Knoblauch, den die Frauen in den Bergen sammeln. Getrocknete Früchte wie Goji-Beeren oder Berberitze. Getrocknete Orangen- und Rosenblüten, Kamille, Salbei, Lavendel. Er führt auch unzählige Currymischungen und Ingwer. Und es gibt fünf verschiedene Sorten Sesam und zehn Arten Pinienkerne, aus Pakistan, Iran, China oder der Türkei, was immer du haben möchtest. Am billigsten sind die aus China, am teuersten die einheimischen und die iranischen. Wenn ich dort bin, wird viel probiert und diskutiert, das gehört zum Ritual des orientalischen Handelns und ist wichtig, um Vertrauen aufzubauen. Manchmal entdecke ich bei ihm Dinge, die ich auch nach 25 Kochjahren noch nicht kenne, zum Beispiel Tulpenpuder, der Blütenstaub von ganz frischen, jungen Tulpen. Ich kaufe vieles, was man in Deutschland gar nicht bekommt, zum Beispiel Korinthen ohne Kerne und einheimische Cranberries, die in der Türkei nicht maschinengetrocknet werden, sondern an der Luft, unter freiem Himmel. Getrocknete Feigen und Nüsse, vor allem Haselnüsse, die dort viel günstiger sind. Denn was viele nicht wissen: 70 Prozent des Weltmarktanteils an Haselnüssen kommt aus der Türkei. Fast die ganze Schwarzmeerküste ist von Haselnusssträuchern gesäumt.

Geschmorte Aubergine, Baharat-Feta, Maulbeer-Couscous, Babyspinat

Mit Gerichten wie diesem kehre ich in meinem Restaurant Pageou zurück zu meinen Wurzeln. Es ist eine Hommage an den Garten meiner Kindheit, an die Aromen Anatoliens. Die Auberginen wuchsen in unserem Garten, und die Maulbeerbäume hingen voll von Früchten, wir brauchten sie nur zu pflücken. Auch den Feta stellte meine Mutter damals aus Schafsmilch selbst her. Baharat und Ras el-Hanout sind Gewürzmischungen aus dem arabischen Raum, die dem Gericht Rafinesse verleihen.

Aubergine:
2 Auberginen
Salz
3 EL Olivenöl
3 Schalotten
1 Knoblauchzehe
1 TL Ras el-Hanout
200 g passierte Tomaten

Baharat-Feta:
100 g Feta
2 EL Olivenöl
1/2 TL Baharat
1 TL gehackte Petersilie

Maulbeer-Couscous:
350 ml Geflügelfond
1 Msp. gemahlener Kreuzkümmel

1 Msp. gemahlener Koriander
1 Msp. Baharat
1 TL Salz
200 g Couscous
50 g Olivenöl
Saft von 1/2 Zitrone
50 g Maulbeeren, gehackt
1 Bund Petersilie, gehackt

Spinatsalat
2 Handvoll Babyspinat, gewaschen
100 ml Balsamico-Essig
300 ml Olivenöl
50 g Zucker
3 TL Salz

Die Auberginen von Stiel- und Blütenansatz befreien. Mit einem Sparschäler die Schale entfernen. Die Auberginen achteln, salzen und auf Küchenpapier abtropfen lassen.
Nach 20 Minuten die gesalzenen Auberginen trocken tupfen. In einer Pfanne das Olivenöl erhitzen und die Auberginen darin scharf anbraten. Die Schalotten abziehen, halbieren und in feine Streifen schneiden.
Den Backofen auf 200 °C vorheizen. Die Auberginen aus der Pfanne nehmen, die Temperatur reduzieren und die Schalotten in dem nicht zu heißen Öl schwenken. Den Knoblauch abziehen, blättrig schneiden und ebenfalls in die Pfanne geben, anschwitzen. Beides mit Ras el-Hanout und Salz würzen, dann die Tomaten hinzufügen.
Die Auberginen in eine ofenfeste Form legen, mit der Tomatensoße übergießen, mit Alufolie bedecken und so im Ofen 25 Minuten schmoren, bis sie weich sind.

Den Feta etwas zerkleinern, mit den restlichen Zutaten für den Baharat-Feta vermengen und zum Marinieren beiseitestellen.

Für den Couscous den Geflügelfond mit Gewürzen und Salz aufkochen. Den Couscous unterrühren und zugedeckt neben dem Herd 10 Minuten quellen lassen. Den Couscous mit Olivenöl, Zitronensaft und Salz abschmecken. Zum Schluss die gehackten Maulbeeren und die Petersilie hinzufügen.

Für die Vinaigrette den Balsamico-Essig mit 50 ml Wasser mischen. Zucker und Salz darin auflösen, dann das Olivenöl dazugeben und nicht mehr stark rühren. Den Spinat mit der Vinaigrette anmachen. Couscous, geschmorte Auberginen mitsamt Soße, Feta und Spinatsalat gemeinsam servieren.

Früher kaufte ich in Istanbul auch Walnüsse und getrocknete Tomaten ein, aber mittlerweile bekomme ich die von meiner Mutter aus Pageou, das ist natürlich noch viel besser. Meine Eltern leben, seit sie in Rente sind, einen Teil des Jahres wieder in der Türkei, in ihrem Haus in Tunceli, das mein Vater damals baute, bevor wir alle nach Deutschland zogen. Nur in den Wintermonaten kommen sie nach München, weil sie dort keine Heizung haben. Meine Eltern beziehen nicht viel Rente, obwohl sie ihr ganzes Leben so hart gearbeitet haben. In Tunceli können sie von dem Geld leben, in München wäre es schwierig. Das alte Haus in Pageou gibt es nicht mehr, es stürzte ein. Aber sie haben dort noch Felder und in Tunceli einen riesigen Garten. Meine Mutter ist heute meine treueste Lieferantin, und das kam so: Vor ein paar Jahren besuchte ich meine Eltern in der Türkei und sah ihre prachtvollen Obstbäume. Da wuchsen Birnen, Äpfel, Nektarinen, Zwetschgen, Walnüsse, Maulbeeren und noch viel mehr. Ich sah einen großen Baum mit Renekloden, dessen Äste sich unter der Last der reifen Früchte fast bis zum Boden bogen. Ich fragte: «Mama,

Blick ins Tal von
unserem Haus in Pageou

was passiert denn mit den Renekloden?» Sie sagte mir, die meisten Früchte fielen zu Boden und gingen kaputt. Sie wisse nicht, was sie damit machen solle, sie seien ja nur zu zweit, das könnten sie gar nicht alles essen. Ich konnte es nicht fassen. Und dann hatte ich die zündende Idee: «Du könntest die Früchte trocknen und ich verwende sie in meinem Restaurant!»

Ich bat meinen Bruder, der eine Woche später aus München nachkommen wollte, mir zwei Kirschentsteiner mitzubringen, in Tunceli besorgte ich Messer und Schüsseln. Unter dem großen Birnbaum im Garten meiner Eltern bauten wir einen Tisch auf, dort setzte ich mich mit meiner Mutter hin und zeigte ihr, wie sie die Renekloden verarbeiten konnte, sodass sie für mein Restaurant interessant wären. Ich zeigte ihr auch, was sie mit den Maulbeeren und allen anderen Früchten machen konnte. Und ich erklärte ihr, warum sie die Tomaten vor dem Trocknen salzen sollte: Weil sonst die Vögel kommen und sie anknabbern oder sie zur Beute für Insekten würden. Wenn die

Beim Besuch in Pageou,
mit dem Hund des Nachbarn

Tiere das Salz riechen, bleiben sie weg. Wir verbrachten einen schönen Nachmittag unter dem Birnbaum, zwischendurch tranken wir Tee, aßen etwas, und irgendwann kamen mein Vater und mein Onkel, setzten sich dazu und machten mit. Auf diese Art konnte ich eine sehr authentische neue Bezugsquelle für mein Restaurant aufbauen. Und gleichzeitig meine Mutter glücklich machen, weil sie nun etwas Sinnvolles aus ihren Früchten produzieren kann. Und eine Beschäftigung hat, wenn mein Vater mit seinen Freunden im Kaffeehaus sitzt und Karten spielt. Letztes Jahr trocknete sie für mich 160 Kilo frische Tomaten – das hört sich nach Unmengen an, ergibt aber in getrocknetem Zustand nur ganze acht Kilo. Jedes Jahr im Frühjahr sät meine Mutter in ihrem Garten für mich nun alles aus, was wir brauchen können: Basilikum, Minze, Petersilie, Paprika, Auberginen, Tomaten, Frühlingslauch, Gurken, Bohnen, Kürbis, Zucchini und Melonen. Und manchmal macht sie für mich auch Manti, die türkischen Ravioli, jede einzelne liebevoll von Hand geformt.

Wenn ich bei meinen Eltern in der Heimat zu Besuch bin, entstehen auch immer wieder neue Gerichte für meine Küche in München: zum Beispiel ein Dessert von gefüllten Feigen, die in meiner anatolischen Heimat vollreif und frisch gepflückt einfach köstlich schmecken. Eines Abends füllte ich sie einfach spontan mit allem, was sonst noch im Garten reif war: Renekloden, Haselnüssen und frischen Maulbeeren, darüber träufelte ich etwas Zitronensaft. Eine herrliche, sommerliche Süßspeise. Eine Inspiration aus der Küche meiner Mutter ist auch die Rote Bete mit Sumak und Maulbeeren: Die Bete wird gekocht, noch warm geschält, in Stücke geschnitten und mit Maulbeeren, Sumak (ein Gewürz aus den getrockneten Samen des Essigbaums) und türkischem Joghurt serviert. Das schmeckt lauwarm als Vorspeise oder als leichtes Sommergericht. Manchmal wandele ich bei meinen Besuchen auch auf den Spuren meiner Kindheit und gehe zum Fluss, wo wir als kleine Jungs angelten. Wenn ich einen schönen Flussbarsch fange und vielleicht auf dem Weg nach Hause noch wilden Salbei am Wegrand pflücke, dann serviere ich ihn abends mit Zucchiniblüten aus dem Garten, die ich mit Zucchinipüree fülle. Das ist für mich die perfekte Küche – mit saisonalen und natürlich gewachsenen Lebensmitteln frisch gekocht, besser geht es nicht. Wenn dann die ganze Familie abends im Garten an einem großen Tisch zusammensitzt und wir miteinander essen – das sind die Momente, die ich am liebsten festhalten möchte.

Im gleichen Geist versuche ich, in München für meine Gäste im Pageou zu kochen.

Und ich hoffe, dass ich ihnen so auch ein Stück meiner Geschichte und der orientalischen Lebensfreude vermitteln kann.

Dank

Mein Dank gilt für ihre wertvolle Unterstützung allen, die

mir als Lehrer, Ausbilder und Chefs beruflich das ermöglichten, worauf ich heute zurückblicken kann,

in München, Wertheim-Bettingen und Hamburg Vertrauen in mich setzten und mich förderten,

sich als loyale Mitarbeiter in der Küche und im Service voller Engagement in die gemeinsame Arbeit stürzten und es heute Tag für Tag tun,

als Familie, Kollegen und Freunde mit Zuspruch, Wohlwollen oder ehrlicher Kritik halfen,

in den Medien auf mich aufmerksam und mich bekannt machten,

diesen Rückblick von meinem Heimatdorf Pageou bis in mein Restaurant Pageou hilfreich begleiteten und allen Lesern, die ihm die eine oder andere Subjektivität und Erinnerungslücke nachsehen.

Danke für alles,
Euer Ali

MIX
Papier aus verantwortungsvollen Quellen
FSC® C083411

Das für dieses Buch verwendete Papier ist FSC®-zertifiziert.